Trattali male

GERRY STERGIOPOULOS

Trattali male

Perché agli uomini piace *soffrire*

PIEMME

Titolo originale dell'opera: *Treat Them Mean, and Keep Them Keen*

Traduzione di *Edy Tassi / Grandi & Associati*

Realizzazione editoriale: *Conedit Libri Srl - Cormano (MI)*

I Edizione 2009

20145 Milano - Via Tiziano, 32
info@edizpiemme.it - www.edizpiemme.it

Anno 2009-2010-2011 - Edizione 3 4 5 6 7 8 9 10

Dedicato a tutti i ranocchi e ai principi là fuori.
Baciateli entrambi.
Ma richiamate solo i secondi.

«Gli uomini sono come i francobolli.
Per farli attaccare, bisogna sputarci un po' sopra.»
ANTICO PROVERBIO GRECO

Attenzione, ragazze, solo un po'.
Ecco come imparare a farlo in quattro facili lezioni.
GERRY

Prologo

«Fare l'amore?
Ma nessuno lo fa più da secoli!»
JANE FONDA in *Barbarella*

Un po' giù d'allenamento?
Non preoccupatevi, ci penso io a trovarvi un uomo.
GERRY

Scrivere questo libro è stata una sofferenza. Ho trascorso quattro mesi chiuso nel mio studio. Sono ingrassato di dodici chili. Se quelli di Greenpeace mi vedessero sulla mia isola greca, cercherebbero di rigettarmi immediatamente nel mare Ionio. Nella mia libreria ci sono centinaia di manuali di self-help. Così, adesso, sono una palla di grasso con una libreria deprimente. Ragazze, spero proprio che lo apprezziate.

All'inizio, ho cominciato a scrivere questo libro per aiutare le mie due coinquiline, Mara e Lucy. Erano attraenti, colte, eleganti, sexy e con un lavoro splendido. Avevano tutte le qualità giuste, eppure erano entrambe single. Così mi sono domandato, in che cosa sbagliano?

In veste di meraviglioso migliore amico gay (e visto che ero stanco dei loro lamenti) ho deciso di cercare io la risposta a questo curioso enigma. Così ho studiato ogni teoria esistente su come gestire gli appuntamenti e ho letto tutti i manuali degli ultimi vent'anni. Ho testato ogni suggerimento e sono andato alla ricerca di quelli che funzionano davvero.

Ho comprato libri sul linguaggio del corpo, ho letto migliaia di ritagli di giornale e ho acquistato le biografie delle seduttrici più famose. (Ripensandoci, ho speso una vera *fortuna*: le mie coinquiline dovranno essermi davvero molto molto grate!) E ho ripensato a tutti gli anni in cui sono stato il confidente di centinaia di donne che si lamentavano dei loro uomini. E di centinaia di uomini che si lamentavano delle loro donne.

Così ho cominciato a rivolgere ai miei amici uomini una domanda diretta: «Che cosa volete da una donna?». E ho chiesto alle donne single di raccontarmi dei loro appuntamenti e dei loro insuccessi: «Che cosa è andato storto?».

Ho frugato nella mia memoria. Ho riesumato alcuni ricordi del mio stesso riprovevole passato, di amanti che ho scaricato strada facendo. E ho ripensato a quei pochi errori madornali che mi hanno fatto entrare nel piccolo, sgradevole club degli Scaricati. A essere sincero, quando ci ripenso, rabbrividisco ancora al pensiero di alcune delle cose che ho fatto. Ve ne parlerò più avanti, così vi risparmierò l'angoscia e l'imbarazzo che ho provato io prima di capire come ci si deve comportare.

E poi ho messo tutto per iscritto. Ci ho impiegato mesi, ma ecco qui. Ecco tutte le risposte. La guida su come strapazzarli per accalappiarli. Per sempre. Ho provato io stesso tutti i consigli e funzionano. Mentre scrivevo questo libro ho trovato delle cavie umane molto carine con degli addominali fantastici e ho provato a strapazzarle un po'. Le sto ancora strapazzando. E loro continuano a essere attratte da me. (Anzi, uno mi ha appena mandato il terzo sms di fila. Gli risponderò fra un po'.)

Ho passato i consigli alle mie coinquiline e hanno funzionato. Finalmente si sono trovate tutte e due un uomo.

Adesso li sto confidando a voi, e anche per voi funzioneranno. Voi, mie care amiche single, vi meritate un uomo fantastico. Un amante e un partner complice. Questo libro vi aiuterà a dare il via a un'avventura romantica che potrà trasformarsi in amore e forse, incrociamo le dita, in una relazione affettuosa e duratura. Magari anche in matrimonio, se è questo che volete. La mia speranza è che questo libro cambi il modo in cui vedete voi stesse, gli uomini e la vostra relazione con loro, perché possiate assumere il comando del Gioco degli appuntamenti e ve lo godiate.

Vi spiegherò dove incontrare Mister Splendido, come affascinarlo e cosa fare man mano che le cose procedono... dalle regole di comunicazione del primo appuntamento, al primo bacio. (Al momento in cui costringerete quel povero diavolo in ginocchio, gli direte «adesso no» e lo rispedirete implorante a casa sua.) Fino a entrare, evviva evviva, nelle nostre alcove splendidamente allestite e illuminate, dove, come dicevano nel film *Barbarella*, «condivideremo i nostri piaceri». (Non temete. Mi sono occupato anche della parte su come-essere-affascinantemente-affascinanti-a-letto. Dopotutto, chi può spiegarvi meglio di un uomo cosa piace agli uomini?)

Invece di stare ad ascoltare le vostre amiche, leggete questo libro. Le vostre amiche sono ragazze fantastiche. Vi faranno sentire meglio e vi diranno che non è colpa vostra se non trovate un uomo. Tutto molto gentile, ma sbagliato. Perché la colpa *è* vostra.

Mi spiace, ma tutte le mie ricerche mi hanno fatto capire che la maggior parte delle donne single non ha un uomo perché dice e fa le cose più sbagliate. Potete essere favolose, ma quando si tratta di uomini, siete completamente *negate*.

Consideratemi l'amico che osa davvero dirvi la verità nuda e cruda, perché vi vuole bene. Vi spiegherò come stanno le cose, o quanto meno come le vedo io. Consideratemi il vostro devoto Maestro di Appuntamenti privato, che vi lusingherà, vi convincerà e qualche volta vi sgriderà. Ma alla fine spero di riuscire a impartirvi qualche preziosa lezione su come diventare irresistibili per ogni singolo uomo sul quale metterete gli occhi. Con parole chiare e amore severo, vi fornirò tutti gli strumenti per raggiungere un successo al di là dei vostri sogni più folli!

Fidatevi. Per ottenere dei risultati dovete modificare i vostri pregiudizi, affrontare le vostre paure. Non abbandonate questo libro sullo scaffale... leggetelo. Mettetelo in pratica! E poi passatelo alle vostre amiche single.

Dopotutto, leggerlo non vi porterà via più tempo di quello che di solito sprecate lamentandovi con loro ogni volta che venite mollate.

E vi risparmierà la vergogna di venire sorprese con una libreria straripante di libri dai titoli imbarazzanti come *Scopata e mollata* o *Caccia all'uomo dopo i trenta* (sì, questi libri esistono davvero... e li ho letti tutti).

Negli esempi contenuti in questo libro, i nomi sono stati sostituiti per proteggere le relazioni in boccio, le ragazzacce cattive e i matrimoni felici, ma si tratta di storie autentiche al cento per cento, come i miei consigli. Fate in modo che funzionino anche per voi.

Introduzione

Perché dovrei trattarlo male?

«Mia madre diceva che è facile tenersi un uomo.
Basta essere una cameriera in salotto,
una cuoca in cucina
e una puttana in camera da letto.»
JERRY HALL

Per favore! Ti adoro Jerry, ma non mi meraviglia
che tu abbia divorziato. Una seduttrice di successo
non dovrebbe sprecare tutta la giornata cucinando wonton,
muffin e soufflé. Arriverebbe a sera esausta,
con la faccia rossa e in uno stato pietoso.
Per tenerti un uomo, esci dalla cucina, infilati in bagno
e trasformati in una favola. Ordina qualcosa al take-away.
Se ti interessano i miei consigli sulla parte
in camera da letto, li trovi a pag. 167.
GERRY

Questo è l'unico libro sui rapporti uomo-donna che parla chiaro. Un libro che mantiene quello che promette. Un libro pieno di amore fermo e lezioni severe. Anche se quello che vi suggerisco potrebbe scioccarvi, vi giuro che funziona.

Ogni donna ha il diritto di accalappiare un uomo fantastico e di trovare la felicità in una relazione sana ed equilibrata. Ma ci sono regole da rispettare ed errori che non ci si può permettere di compiere.

Mi capita spesso di osservare come si comportano le donne durante un incontro con un uomo e, mi spiace dirlo, sono un disastro totale. Le regole di un appuntamento di successo sono semplici, ma scommetto che anche voi le infrangete tutte.

Il Gioco degli appuntamenti è una forma d'arte. Ci sono cose su cui è meglio mentire, cose che è meglio nascondere, cose assolutamente da fare. Cose che costringeranno il vostro uomo a stare sempre sul chi va là.

In Grecia, le donne capaci di affascinare gli uomini hanno un nome. Non vi annoierò con l'ortografia greca, perché abbiamo cose più importanti da imparare, ma suona più o meno "*poniria*". Una *poniria* può anche non essere questa grande bellezza ma, senza che loro se ne rendano conto, è capace di far fare agli uomini quello che vuole. È un'abile seduttrice. Possiede astuzia e scaltrezza. Ha il totale controllo del Gioco degli appuntamenti. Strapazza i suoi uomini e a loro piace.

Credetemi. Questo è l'unico modo per conquistare un uomo. Lo so per esperienza personale. La chiave di tutto è trattarli male, strapazzarli. E strapazzarli significa essere sfuggenti. Non farsi mai dare per scontate. Non essere troppo disponibili. Ed è interessante che non esista una traduzione letterale di *poniria*, tranne che, forse, "fortunata stronza".

Mettete in pratica quello che dico in questo libro e i vostri appuntamenti diventeranno molto più divertenti e avranno molto più successo. Tutte le donne alle quali li ho passati li hanno provati. E *hanno funzionato*.

Perciò avanti. Leggete il libro. Lasciate che insegni anche a voi a diventare una "fortunata stronza".

Perché stare ad ascoltare un gay?

Forse vi state domandando perché dovreste accettare consigli sentimentali da un gay. Si tratta di una domanda del tutto ragionevole.

Ma rivolgersi a un gay per chiedere consiglio non è decisamente una novità. Sin dai tempi di Cleopatra, dietro ogni grande donna c'era un meraviglioso confidente gay. (I consiglieri di Cleopatra erano *evidentemente* uomini gay. Pretendere di fare il bagno nel latte d'asina? Farsi recapitare a Cesare avvolta in un prezioso tappeto persiano? Fare la melodrammatica con il veleno di aspide? Così teatrale. Fidatevi. Non avrebbe mai potuto arrivare a tanto da sola.)

Queste donne sono state ironicamente definite "amiche delle checche", ma io vi chiedo: perché no? Meglio amica di un ricchione che racchiona vecchia e sola. Perché non rivolgersi a un gay quando si ha bisogno di un consiglio su come funziona la vita? I gay sono sempre stati bravi a far innamorare di sé gli uomini. Sempre. Perfino nell'antica Grecia molti uomini erano gay o bisessuali. (Secondo le mie ricerche, Apollo sedusse Imene, il re Admeto di Tessalonia, Amicla e suo figlio Giacinto re di Sparta, Branco, Cyparissus, Daphne, Hylas, Iapis, Orfeo, Paros, Phrobas, Potneius, Troilo,

Tymnius, Zacynthus *e* il dio ariete Carneio. Non male... e so da fonti autorevoli che riuscì sempre a far pagare a loro il conto.)

Secondo me, non c'è niente di denigratorio nella definizione "amica di una checca", anzi, alcune delle donne più brillanti che conosco la considerano una sorta di onorificenza. Madonna si circonda sempre di una folla di gay. Kylie Minogue ha affidato il controllo totale della sua immagine al carismatico William Baker, che le è rimasto accanto per anni, nella buona e nella cattiva sorte. Cosa ne sarebbe di Grace, se non avesse Will ad ascoltare tutte le sue ansie, a soffrire quando lei soffre e, cosa più importante, a darle alcuni consigli antipatici che le sue amiche non oserebbero mai suggerire?

Insomma, chi conosce le donne meglio delle donne stesse? I loro amici gay, ovvio! Le donne mi aprono i loro cuori perché sono gay. Mi raccontano tutto quello che non racconterebbero mai alle loro amiche. Conosco un sacco di cose sulle mie amiche. (Troppe a volte. E durante i loro primi appuntamenti ne hanno combinate di *totalmente* inaccettabili. Piccole sfacciate.)

Nell'amicizia con le donne, gli uomini gay non rappresentano una minaccia e sanno essere imparziali. Non siamo in competizione per gli stessi uomini, né sessualmente interessati a loro. Fungiamo da cassa di risonanza attraverso la quale analizzare le vostre esperienze e le vostre idee, e quanto a consigli, ne abbiamo un sacco da offrire. Di solito siamo anche di vedute molto larghe, così potete sentirvi libere di confidarci le vostre fantasie e le vostre esperienze più intime e oscure, come non oserestre mai fare con un'altra ragazza, per quanto vicina!

Pensateci. Sono anche la spia nel campo nemico. Anche gli uomini parlano con me. Mi raccontano le loro cose. Mi chiedono consiglio. Avvertono il mio lato femminile e mi domandano se posso dare loro un'idea di cosa diavolo passi nel vostro imperscrutabile cervellino, amiche care.

E, in ultimo, dovreste ascoltarmi perché sono un uomo. Comprendo il mondo degli uomini e il modo di pensare degli uomini. In quanto gay vivo le stesse emozioni e le stesse difficoltà che si vivono quando si esce con un uomo e ho una profonda comprensione di quello che gli uomini pensano. Mi innamoro degli uomini. Alcuni di loro mi hanno spezzato il cuore. E per quanto mi imbarazzi ammetterlo, in passato mi sono anche comportato come un classico maschio sciovinista, infrangendo cuori, prendendo in giro, dando per scontati i miei uomini e mollandoli.

Perciò condivido il vostro mondo, ma anche quello degli uomini che cercate. Questo mi permette di prevedere con precisione cosa prova una donna durante un appuntamento. I gay assomigliano un po' alle antiche sibille greche o agli indovini: vediamo da entrambi i lati del sipario, perciò ci facciamo un'idea più completa di cosa sta andando in scena. E proprio come le sibille, possiamo osservarvi mentre non ne azzeccate una e predirvi quando si verificherà la catastrofe.

Se non altro, anche se non vorrete accettare i miei consigli sugli uomini, essere amiche di una checca vi garantirà un aspetto sempre favoloso (ne parlerò a pag. 55.)

Datemi retta. Non state ad ascoltare quelle stupide donne e amiche che vi dicono che con i giochetti non andrete da nessuna parte. Ignorate quelle frasi trite che suonano tipo: «Quando ho incontrato il mio compagno non ho fatto nessun giochetto e adesso è mio». È chi non sa ballare che dice che la musica non è bella. Le ragazze che vi raccomandano di non fare giochetti, di solito sono quelle che si sono prese una pausa – forzata? – dal Gioco degli appuntamenti o che sono da così tanto tempo insieme al loro uomo da essersi convenientemente dimenticate tutti gli inganni a cui sono ricorse per conquistarlo. Oppure sono quelle che si sono accontentate di un uomo molto al di sotto dei loro standard, perché hanno rinunciato a cercare qualcosa di meglio e hanno detto di sì al primo che è capitato loro a tiro.

Voi *troverete* qualcosa di meglio. E *farete* tutti i giochetti necessari per accaparrarvelo.

Un breve resoconto storico per spiegare perché non è completamente colpa vostra se siete single

«Il corso del vero amore non fila mai liscio.»
WILLIAM SHAKESPEARE

No, sono gli uomini che sono stati inutili per secoli.
GERRY

Forse pensate di essere voi le uniche ad avere difficoltà a trovare un uomo, ma il problema di trovarne uno e tenerselo è antico quanto il mondo.

Gli appuntamenti non sono mai stati una passeggiata, in nessuna epoca. Uno sguardo superficiale alla letteratura di tutti i tempi mostra che le donne di oggi, quando si mettono a caccia di un uomo, devono affrontare gli stessi problemi che hanno affrontato le altre donne nel corso dei secoli.

Le donne shakespeariane si innamoravano sempre degli uomini sbagliati e raccontavano bugie a destra e a manca, sospirando tragicamente a causa del loro amore non corrisposto. Le eroine di Jane Austen dovevano imparare a tenere a freno il desiderio nei confronti di ogni genere di pessimi soggetti in calzoni alla zuava, correndo per giunta il rischio di venire marchiate come vecchie zitelle se non si sposavano entro i venticinque anni. E se siete convinte di stare aspettando un uomo da una vita, la Bella Addormentata ha dovuto aspettare cento anni prima che il principe si facesse vivo e la baciasse.

La differenza più evidente oggi è che, quando si tratta di trovare l'uomo giusto, la ragazza moderna è sola. In tutti gli altri secoli, in tutti gli altri millenni, le ragazze avevano un aiuto. In generale, gli appuntamenti e le relazioni erano rituali combinati e attentamente sorvegliati, con tutte le madri, i padri, le zie, i parenti e le paraninfe che si sentivano in diritto di dire la loro.

Il destino delle donne del Medioevo veniva deciso sin dalla culla, perciò loro non hanno mai dovuto preoccuparsi di cose come lo *speed dating*. Nella città termale di Bath, nel diciannovesimo secolo, le signore si radunavano in una sala, dove venivano offerti loro dei denti finti per migliorare l'aspetto, e poi sfilavano davanti ai potenziali pretendenti. E fino al 1958, in Inghilterra, le ragazze venivano messe in mostra nei "balli delle debuttanti". Le loro madri le scaraventavano in mezzo a una rappresentanza di buoni partiti dell'alta borghesia, ordinando loro di non venire via senza aver trovato un marito. Preferibilmente onesto.

Se eri fortunata, trovavi amore e dedizione. Ma se non altro tutte, anche le più brutte, finivano con il trovare marito.

Ora però le cose sono cambiate. Tutto è cambiato durante la guerra. Durante la Seconda guerra mondiale, le donne hanno aiutato a tenere in piedi il paese e contribuito allo sforzo bellico. Quando è tornata la pace, erano riluttanti a rientrare nei loro ruoli sottomessi. Hanno bruciato i reggiseni, hanno cominciato ad andare a letto con chi volevano e a sostenere di essere libere. Invece di docili casalinghe, ci siamo ritrovati circondati da indipendenti donne in carriera. La scelta di un fidanzato/marito non era più soggetta all'approvazione della famiglia, ma era diventata una scelta personale. E, cosa più importante, alla base delle relazioni e del matrimonio c'era l'amore, non le convenienze sociali o familiari.

Tutto fantastico, giusto e meravigliosamente indipendente, ma è proprio in questo momento che le cose hanno cominciato a farsi anche un po' più complicate, per voi ragazze single. Invece di avere un battaglione di zie dispotiche e ficcanaso che fiutano i pretendenti più idonei, le ragazze adesso devono arrangiarsi da sole. Destreggiandosi a tenere in equilibrio con una mano sola l'università, la famiglia, il patrimonio, le carriere, gli amici, mentre si fanno la ceretta all'inguine. È decisamente molto più complicato che doversi solo infilare una dentiera in un bagno termale.

Ragazze, ecco il segreto. *Voi potete anche essere cambiate. Ma le regole no. E, più di tanto, nemmeno gli uomini.* Abbiamo migliaia di anni di condizionamento sociale alle spalle e non possiamo semplicemente scrollarceli di dosso. Tu, ragazza moderna, devi imparare un po' dalla storia. Quelle zie impiccione di ieri conoscevano i trucchi per accalappiare un uomo. Gli stessi trucchi che hanno funzionato per secoli.

Ragazze, è ora di concentrarsi sulle cose fondamentali. Pensate a voi stesse come ad altrettante Elizabeth Bennet di *Orgoglio e Pregiudizio.* Voglio che elaboriate una strategia, che fissiate delle regole e che le *rispettiate.* La competizione è feroce e spietata. Dovete esserlo anche voi. Imparate i trucchi e anche voi catturerete il vostro Mr. Darcy. Che il povero diavolo lo voglia o no.

PRIMA PARTE

Come trattarlo male ancora prima di incontrarlo

«Gli uomini vengono da Marte,
le donne da Venere.»
JOHN GRAY

Neanche per sogno.
Veniamo dallo stesso pianeta e vogliamo le stesse cose.
GERRY

Cosa vogliono gli uomini?

Prima di tutto, cerchiamo di inquadrare la nostra preda. Gli uomini e le donne hanno in verità molto in comune. Gli uomini vengono scaricati, feriti, traditi dalle ex partner. Quando si parla di amore, non sempre le donne sono il sesso debole. Noi uomini possiamo essere bisognosi quanto voi ed emotivamente esigenti fino allo sfinimento.

Ecco la buona notizia. Gli uomini *cercano* una compagna. Noi *vogliamo* compagnia. E ci *innamoriamo* appassionatamente proprio come voi donne.

La brutta notizia è che lo facciamo lentamente. Impieghiamo davvero un sacco di tempo per innamorarci, perché siamo biologicamente diversi, seguiamo una tabella di marcia differente. E ci innamoriamo solo se pensiamo che l'idea sia stata tutta nostra e che siamo stati davvero in gamba a farvi ricambiare quello che proviamo.

Lasciate che mi spieghi meglio, portandovi a fare una piccola passeggiata nel cervello maschile. (Non siamo complicati, non ci vorrà molto.)

Noi uomini siamo creature semplici. Non siamo granché cambiati dai tempi delle caverne. Quando si tratta di rituali d'accoppiamento, i nostri istinti sono ancora quelli del cacciatore primitivo. Sì, potete anche guardarvi attorno in un bar o in ufficio e vedere uomini dall'aspetto irreprensibile, vestiti con camicie firmate e completi gessati, ma, in realtà, questi esemplari maschili non sono geneticamente diversi dai loro antenati preistorici, che uscivano la mattina armati di una clava, affrontavano un mammut, lo uccidevano e poi lo trascinavano tutti contenti a casa. Sotto quegli abiti firmati, siamo ancora animali. Dopotutto, gli esseri umani hanno il 97,5 per cento del dna in comune con quello dei gorilla. (Ho trovato questa piccola perla scientifica in un altro libro che ho letto *Perché le donne non sanno leggere le cartine e gli uomini non si fermano mai a chiedere?*)

Come dicevo, per fare felice un uomo dovete concentrarvi sulle cose fondamentali. Dovete comportarvi come quei mammut a cui dava la caccia ai tempi delle caverne. L'istinto di cacciare è profondamente radicato nel maschio, noi adoriamo il brivido della caccia. Troppa disponibilità con gli uomini non funziona. Dopotutto, quei mammut non inviavano sms a raffica e non sbucavano all'improvviso nelle caverne in minigonna, solo per dire «Sono qui», giusto? Si facevano inseguire. Gli uomini non vogliono che l'oggetto del desiderio venga loro servito su un piatto d'argento. Vogliono la sfida dell'inseguimento e della cattura di una preda sfuggente e *apparentemente* riluttante, proprio come gli uomini delle caverne.

Ecco un esempio, raccontato in prima persona da un uomo con cui ho parlato, che spiega perché è andato tutto a monte con una ragazza che gli interessava.

Richard, 28 anni
«Era tutto troppo facile. E io ero abituato a cacciare. Lei era così carina e così desiderosa di compiacermi sin dall'inizio, che ho pensato che fosse troppo bello per essere vero. Un giorno, però, mi ha perfino portato il pranzo in ufficio, il che ha rappresentato l'inizio della fine. Non voglio una donna che mi fissi come un cucciolo adorante, supplichevole e servile. Così, la settimana successiva, ho chiuso la storia.»

Pranzo in ufficio? Santo cielo. Ditemi, signore, questo non è di sicuro un comportamento da mammut, vero? Portargli il cestino del pranzo è, nella migliore delle ipotesi, un comportamento bizzarro, soprattutto *all'inizio* di una relazione. Se non potete fare a meno di indulgere in questo genere di cose, riservatele per quando avrete almeno sessant'anni di matrimonio alle spalle.

Di fondo, anche senza l'episodio dei panini, la ragazza di Richard lo avrebbe perso comunque, perché si stava comportando come una vera stupida. Stava contravvenendo a tutte le regole degli appuntamenti. Pensava di essere adorabile, comportandosi come una perfetta, adorante dispensatrice di panini. Invece no. Era solo stupida.

Per Richard non c'era nessun inseguimento, nessuna deliziosa incertezza che spargesse un po' di pepe sulla relazione nascente. Avrebbe dovuto domandarsi dove lei fosse, non sapere che era chiusa in cucina a preparare wonton casalinghi. La conquista era stata troppo facile; la ragazza *troppo* disponibile.

Ragazze, questa è una lamentela molto comune negli uomini. Siete troppo gentili. Se vi comportate come uno zerbino, vi calpesteranno e vi molleranno. Fidatevi di me. Io stesso ho mollato uomini che si comportavano così. L'atteggiamento da zerbino è irritante.

Dovreste costringerli a fantasticare in continuazione su di voi, a tirare a indovinare e a sperare che vogliate rivederli ancora. La ragazza di Richard ha rinunciato a tutto il suo potere e si è arresa senza combattere, come un cagnolino che si mette a pancia in su. Se vi comporterete così, perderete anche voi il vostro uomo, che vi preferirà una donna capace di stare al gioco.

Quindi ecco quello che vogliono gli uomini. La cosa successiva da capire è che la maggior parte degli uomini è disorientata da quello che volete *voi*.

Non sanno se devono essere un maschio dominante che porta a casa la pagnotta, ma che è anche un po' maschilista e si aspetta di trovare la cena pronta e il bucato fatto, o un tipo sensibile e intellettuale che si preoccupa delle emozioni e dei bisogni della sua ragazza. Il tipo di uomo in grado di citare Nietzsche fino allo sfinimento, ma che pensa che non ci sia niente di male a essere un po' un pesce lesso e a saltare sul letto urlando con voi alla vista di un ragno.

L'uomo del ventunesimo secolo deve tenere la porta aperta e aiutarvi a infilare il cappotto? O rischia di trovarsi invischiato in una predica sull'eguaglianza con una femminista arrabbiata? Volete che assomigliamo a Clint Eastwood o a Cary Grant? Leggere le riviste per donne non ci offre nessun aiuto. Gli standard sono impossibili. Ci si aspetta che noi uomini siamo capaci di cucinare, di pulire, di entrare in contatto con le nostre emozioni e di condividerle senza imbarazzo, di vestire in modo meraviglioso *e* di fare sempre i fuochi d'artificio a letto. C'è da meravigliarsi se, invece, gli uomini finiscono con l'ignorare le loro donne e trascorrono la serata a guardare il calcio e a lamentarsi fra loro? Perché sprecare la notte nel tentativo di fare cose che non comprendiamo e a cercare un punto G che non riusciamo a trovare, quando potremmo divertirci molto di più con l'Xbox? Noi poveri uomini ordinari abbiamo la stessa difficoltà ad adeguarci al modello di uomo del ventesimo secolo che avevano le sorellastre di Cenerentola a infilarsi la scarpina di cristallo.

E c'è di peggio. I nostri poveri e confusi cacciatori di mammut devono combattere anche con una biologia che li rende delle autentiche sgualdrine. Madre Natura ha truccato le carte contro la monogamia con autentica crudeltà. Ci ha programmati perché corressimo in giro a fecondare quante più donne possibile: questa è un'istruzione difficile da annullare.

Gli uomini pensano *incessantemente* al sesso! Sì, nonostante dichiarino il contrario, gli uomini pensano al sesso mediamente una volta al minuto. Possiamo anche essere spaventati dalle donne, potete confonderci ed esasperarci, ma l'impulso sessuale maschile è fortissimo. Gli uomini fanno ricorso a misure estreme in fatto di astuzia, inventiva e inganno per soddisfare i loro stimoli sessuali. Letteralmente, e lo dico per esperienza personale, è come se nella testa si accendesse un interruttore che ci mette sulla pista del sesso con le narici frementi e il respiro affannoso come un toro in calore!

Il sesso è molto potente. In una commedia greca di Aristofane, l'eroina, Lisistrata, riesce a porre fine alla guerra del Peloponneso semplicemente convincendo tutte le donne a rifiutarsi di fare sesso con i loro uomini fino a quando non ricominceranno a comportarsi bene.

Ma non perdetevi d'animo in mezzo a tutti questi volgari torelli affamati di sesso! I condizionamenti sociali e la capacità di ragionare razionalmente hanno attenuato e messo sotto controllo questo istinto in molti uomini, che adesso riescono a essere monogami. Voi dovete solo essere certe di saper educare loro e le loro erezioni.

Anche se suona un po' biologico e scientifico, tutto questo è molto importante. Ecco perché vi consiglio caldamente di aspettare prima di andare a letto con qualcuno. (La Regola dei Tre Mesi, pag. 137.) Per catturare il vostro uomo, dovete imparare a incanalare il suo appetito sessuale così che lo concentri solo su di voi, e poi a esercitare quella calma influenza capace di trasformare le cose in una felice relazione monogama. Seguite le regole di questo libro e l'approccio da toro dell'uomo al sesso potrà essere gestito come qualsiasi altra cosa.

Che altro? Gli uomini vogliono un mammut difficile da catturare, hanno bisogno di istruzioni chiare, vogliono qualcuno che tenga sotto controllo la loro erezione e, ah sì, vogliono anche divertirsi.

La maggior parte degli uomini può essere convinta a

impegnarsi in una relazione, ma non può essere convinta a impegnarsi con una donna noiosa. Gli uomini vogliono che la loro relazione sia divertente. Non vogliono una donna che legge libri di cucina a letto, con la faccia spalmata di crema emolliente e i bigodini in testa. Esattamente come voi non volete rassegnarvi a stare con un uomo noioso che pretende che le sue uova cuociano per tre minuti esatti e che si mette la giacca a vento con le scarpe di pelle grigie.

Per tirare le somme, una donna dovrebbe tenere in considerazione il fatto che gli uomini sono esseri leggermente inferiori. Vogliono tre cose: del buon sesso, una buona conversazione e una vita tranquilla. A prima vista potrebbe sembrare che vogliano solo del buon sesso, ma alla fine si rendono conto in fretta di volere anche il resto. Ci vuole solo un po' più di tempo perché se ne accorgano.

Perciò, ragazze, ecco cosa impareremo: come tenerlo sulla corda; come educarlo; come convincerlo ad aspettare di entrare in camera da letto e come diventare la femmina più scintillante e interessante della specie. In breve: tutto quello che dovete fare per conquistare il vostro uomo.

Che cosa volete voi?

Ecco il momento in cui sarò un po' cattivo. Mi spiace, ma vi ho promesso un amore severo. E bisogna proprio che qualcuno ve lo dica.

Che cosa volete *voi*? Che cosa vi interessa? Sì, sembra una domanda semplice. State leggendo questo libro, quindi volete un uomo, giusto? Ma pensateci meglio. Qual è la ragione precisa per cui state cercando un uomo? Questa è una domanda più difficile, che potrebbe costringervi ad affrontare delle verità su voi stesse, ma dovete essere oneste e accettare i vostri sbagli. E dovete imparare a superare le vostre debolezze, perché non troverete mai un uomo, fintanto che ve ne andrete in giro lamentandovi che il mondo è crudele con voi.

Quello che segue vi suona familiare?

Siete disperate?

Avete vent'anni e non avete mai avuto un ragazzo decente? O trenta, e sentite che sarebbe ora di sistemarvi? Siete perseguitate dal terribile ticchettio dei vostri orologi biologici, dal pensiero di mariti, bambini, forni elettrici e dalla logica delle vostre bisbetiche ziette? Siete ancora single e preferireste davvero non esserlo? Ho paura che la scritta DISPERATA sulla fronte non contribuisca molto a migliorare il vostro aspetto. Studiamo un altro caso.

Claire, 24 anni

«Vivevo ancora con i miei genitori. Desideravo così tanto incontrare qualcuno e trasferirmi. Trovare un partner era diventato come trovare il mio Santo Graal personale. Davo il mio numero di telefono a chiunque lo chiedesse... ero così grata che dimostrassero dell'interesse nei miei confronti...»

Oh cielo! Queste sono proprio le cose che mi fanno venire voglia di piangere e sbattere la testa contro un muro. Anche se provo simpatia per lei, la povera cara Claire mi esaspera. È guidata dalla concezione errata che un uomo/partner sia una sorta di *salvatore*. Se questo uomo (per ora solamente immaginario) comparisse, tutti i suoi problemi si risolverebbero. Così si getta fra le braccia di chiunque e attende che lui la salvi.

La storia di Claire vi suona familiare? Ascoltate, tutti questi consigli che spero stiate divorando avidamente non funzioneranno se state cercando un uomo per affermare il vostro valore. Temo che nessun uomo possa "salvarvi". Gli uomini sono stati spesso feriti, traditi e hanno bisogno di salvare per primi se stessi. Ripensate alla disastrosa ragazza di Richard, con il suo pranzo e gli occhi da cucciolo. Lei evidentemente considerava Richard l'uomo che l'avrebbe salvata da se stessa, ma non appena lui l'ha sorpresa a fissarlo con quello sguardo da cane bastonato, ha provato l'impulso incontenibile di darsela a gambe. L'unica persona che Richard voleva salvare era se stesso.

Claire, il nostro secondo caso, deve rendersi conto che è solo attraverso la propria autodeterminazione che potrà raggiungere il suo obiettivo di andarsene dalla casa dei genitori e dare un senso alla sua vita. La sua sfida più grande è cambiare mentalità. E nessun fidanzato, reale o meno, può farlo per lei. Deve tirare fuori la testa dalla sabbia e riordinare da sola la sua vita. Fino a quando non comincerà ad affrontare il problema a testa alta, rimarrà confinata in quell'esistenza che vorrebbe cambiare.

Quanto a sentirsi *grate* per le attenzioni che si ricevono, questo, ancora, è un problema di autostima. Claire si sente grata perché pensa di non essere meritevole di attenzioni. Sbagliato, sbagliato, sbagliato, ragazze! Siete in tante a sentirvi così, ma io non ho mai conosciuto una donna che non si meritasse un appuntamento e un uomo decente. Claire deve imparare a sentirsi autonoma e responsabile. Suggerirei un corso di difesa personale, o un corso di nuoto, magari. Anche alcune sedute dallo psicologo potrebbero non essere una cattiva idea. Claire deve ritrovare la stima in se stessa e la sua indipendenza. Una volta che si renderà conto che è favolosa, anche gli uomini cominceranno a farlo e a prestarle attenzione.

Gli uomini fiutano la disperazione come i cani la paura. Se siete troppo ossessionate dal vostro orologio biologico e dai bambini, non diventerete mai un buon partito. Gli uomini vogliono solo le donne non disponibili. Non stressate.

Posso insegnarvi come attrarre gli uomini e cosa dire e fare per indurre un uomo a voler uscire con voi, ma se vi gettate su di lui con lo sguardo pieno di panico e gratitudine, lo indurrete a scappare di corsa e vi sentirete ancora peggio.

Tutto questo vi suona fin troppo familiare? Non preoccupatevi. Iniziate a lavorare sull'autostima e, contemporaneamente, fingete di averne già. (Troverete consigli su come fingere disinteresse al telefono a pag. 118, e consigli su come fare le preziose durante un appuntamento a pag. 127.) E se la gente comincia a tempestarvi di domande sul perché siete single, voi mentite a denti stretti. Sorridete, rispondete che sì, siete single, sì sarebbe bello avere un uomo e che vi verrà istintivo capire quando sarà il momento giusto per impegnarvi. Ma poi sorridete ancora e dite che non siete disperate. (Anche se lo siete.)

Non preoccupatevi, riusciremo a sistemarvi in fretta. Voi ripetetevi che siete favolose e, per l'amor del cielo, non offritevi mai di portare a nessuno il pranzo in ufficio.

Continuate a uscire con uomini che non sono adatti a voi?

Ecco un'altro caso. Quello di Nancy.

Nancy, 34 anni

Nancy era single da quasi due anni; si sentiva vulnerabile e sola e desiderava moltissimo una relazione. I suoi genitori le rendevano la vita ancora più difficile, assillandola in continuazione perché trovasse un compagno e desse loro dei nipotini. Durante quei due anni, aveva superato la fase in cui era alla ricerca di una relazione di qualità ed era disposta ad accettare il primo uomo che le fosse capitato a tiro. Poi ha incontrato Paul, che era infatuato di lei e sapeva dire tutte le frasi giuste. Così Nancy, anche se non provava un particolare interesse nei suoi confronti e si rendeva conto che la stava usando come una sorta di stampella emotiva, si è lasciata coinvolgere in una storia con lui.

Ora, questo non va bene. Nancy si stava accontentando di una relazione di scarto come se invece fosse stata un controfiletto di prima qualità. Per lei Paul, Carlos o chiunque altro non faceva differenza... aveva solo bisogno di qualcuno che riempisse il vuoto nella sua vita. Ma non ci ha messo molto a scoprire che fare sesso con qualcuno che non ti piace è una pratica sovrastimata e a ricominciare a guardarsi intorno. Anzi, un paio di settimane dopo l'inizio della relazione con Paul stava già cercando il modo di tirarsene fuori, perché non riusciva più a continuare con quella farsa. Si sono lasciati, al povero Paul si è spezzato il cuore e Nancy si è sentita ancora più sola, disperata e in colpa per aver calpestato le emozioni di Paul.

Nancy ha infranto due regole fondamentali in un colpo solo. Primo, ha immaginato che nella sua vita ci fosse un vuoto a forma di uomo e, secondo, a causa di questa convinzione, ha perso la prospettiva, ingigantendo e calcando la mano sul proprio essere single, con il risultato che, alla fine, "qualsiasi uomo sarebbe andato bene". Nancy, invece, avrebbe dovuto concentrarsi su se stessa, andare un po' di più alla radice del problema e non imputare tutte le sue disgrazie alla "mancanza di un ragazzo". Per Nancy, uscire con Paul era come nascondere un buco nel tappeto con una sedia, piuttosto che rammendarlo scrupolosamente. Sì, era una soluzione rapida, che alla fine non ha risolto niente!

Siete ancora scottate?

Spero che, dopo aver rotto con il vostro ex, abbiate assunto un atteggiamento combattivo nei confronti di tutta la storia. E che andiate in giro cantando a squarciagola *I will survive*.

Ben fatto! Ma state ancora soffrendo. Siete nel momento di massima vulnerabilità e, forse, di irritazione. Per quanto abbiate dato fuoco a un numero imprecisato delle sue cose, scommetto che sentite la mancanza dell'intimità e del sesso. E mettervi immediatamente con un altro uomo potrebbe rivelarsi un vero disastro. I vostri sbalzi di umore – da appiccicose ed emotive a femministe militanti – rovinerebbero in un battibaleno qualsiasi relazione!

Il mio consiglio, in questo caso, è di mettere giù questo libro, asciugarvi gli occhi, telefonare a qualche amica e organizzare un pigiama party con quintali di gelato. (Sì, vi do anche il permesso di infilarvi nel vostro pigiama con la stampa di Mio mini pony.) Lasciatevi andare. Lasciarsi andare dopo uno shock emotivo è catartico, e una volta che il vostro ex sarà solo un puntino negli spazi siderali, potrete ricominciare a leggere. (A proposito, se state ancora mangiando gelato in pigiama, e sono trascorsi cinque mesi dalla rottura, allora non siete altro che delle gran pigrone. Vergognatevi!)

Avete divorziato di recente?

Forse potrà sembrarvi che, dopo un divorzio, la pressione su di voi aumenti, specialmente se l'orologio sta ticchettando e voi non avete più dalla vostra l'elastica adattabilità della giovinezza. Tuttavia, guardate il lato positivo. Adesso avete fatto esperienza e avete imparato dagli errori del vostro primo matrimonio, e non avete di certo fretta di ripeterli.

Non rinunciate al matrimonio, se è il vostro sogno. Il lieto fine esiste! Per ogni divorzio che vedete spiattellato sulle riviste scandalistiche, ci sono altri cento matrimoni felici (o quanto meno funzionanti) dei quali non si parla mai, ma solo perché non interessano a nessuno. Preferiamo leggere di quelli pieni di sangue, violenza, accordi multimilionari e con Heather Mills che rovescia una caraffa d'acqua in testa all'avvocato dell'ex marito Paul McCartney.

Siete troppo impegnate per l'amore?

Nella vostra vita, avete la sensazione di avere fatto il passo più lungo della gamba? Di esservi imbarcate in troppe cose contemporaneamente? Vi affannate tutto il giorno senza mai un momento per voi stesse?

Be', forse il vostro è un capo ignobile che vi fa sgobbare troppo, ma c'è anche la possibilità che siate voi stesse a prendere deliberatamente troppi impegni a causa di quelle profonde insicurezze che si nascondono sotto la superficie, pronte a saltare fuori se la vostra mente non è impegnata ad affrontare una serie interminabile di inezie quotidiane. Se questo è il vostro caso, se siete tormentate dal dubbio di non essere abbastanza in gamba, forse sarebbe una buona idea leggere la biografia di alcune donne forti che ammirate.

Spesso, queste donne non sono più brillanti o dotate di voi e me, e anche loro hanno commesso sbagli o errori di giudizio terribili, ma erano spinte da un profondo senso del loro valore e della loro unicità e quindi dalla consapevolezza delle grandi cose che avrebbero potuto donare al mondo. Trasformatele nei vostri modelli di comportamento e prendete spunto dalla loro autostima. Le donne forti e di successo sono quelle che riescono a liberarsi delle insicurezze che invece imprigionano molti di noi. Concedete a voi stesse una possibilità, prendetevi una pausa e dedicate un po' di tempo a trovare l'amore che vi meritate.

Certo, se siete realmente troppo impegnate perché avete un capo infame che vi fa lavorare come una schiava, allora guardatevi in giro, spedite qualche curriculum, trovate qualcosa con un orario lavorativo migliore e dite al vostro negriero cosa può farsene del suo. La vita non è fatta di solo lavoro.

Siete diventate una fontana?

Vi riconoscete? Siete una fontana di lacrime che non riesce a dimenticare il suo ex? I sintomi di questa subdola trasformazione sono (per cortesia, rispondete con sincerità e spuntate le voci che vi riguardano):

- Fantasticare ancora su di lui e sul tempo che avete trascorso insieme.
- Conservare ancora i biglietti di auguri che vi ha mandato secoli fa o rileggere costantemente i suoi vecchi messaggi sul telefonino.
- Di tanto in tanto, quando siete ubriache o annoiate, non riuscire a resistere alla tentazione di comporre il suo numero.
- Continuare a frequentare lo stesso locale/palestra/zona nella speranza di imbattervi in lui. (Qualche volta passate con la macchina davanti a casa sua.)
- Idealizzare le caratteristiche del vostro ex.
- Paragonare ogni uomo a lui.
- Sprecare un sacco di tempo parlando di lui e dei "bei vecchi tempi" con le vostre amiche.

Ovviamente, questo non vale solo per quelle che sono state scaricate. Anche se la "scaricatrice" siete voi, potete lo stesso trasformarvi in una fontana di lacrime ossessionata dal vostro ex. Vi sentite in colpa perché siete state *voi* a piantarlo?

Lasciate che mi spieghi con un altro caso.

Lauren, 22 anni

«Non riuscivo a smettere di pensare a lui. Chiamavo le mie amiche quasi tutti i giorni per lamentarmi. Sono fortunata che non mi abbiano lasciata perdere, visto che mi stavo comportando come una pazza isterica. Non riuscivo a smettere di pensare che quella brutta rottura avesse distrutto qualsiasi possibilità di essere felice con qualcun altro. Non riuscivo a sopportare di poter essere ferita così di nuovo.»

Okay, Lauren. Prima di tutto, mai, mai sentirsi in colpa per aver sfogato i propri pensieri depressivi e deprimenti con le amiche. Le amiche servono a questo, e quando ci sarà l'occasione, sarete voi a sostenerle nei loro momenti no. Parlate sempre con gli altri. Non va bene rimanere da sole, a lasciarsi avvolgere da una spirale di commiserazione e depressione.

Secondo, esiste il modo di cancellare il passato e di trovare un nuovo inizio che renderà le cose più facili. Fidatevi: dovete farlo, se volete avere una probabilità di incontrare un nuovo uomo.

Cominciamo con la parte più semplice. Guardatevi intorno in casa vostra. Ci sono promemoria di quella vecchia relazione sparpagliati in giro? Regali che conservate anche se non dovreste? (I peluche portano via un sacco di spazio sul letto.) Raccoglieteli. Andate in cucina e recuperate un sacco della spazzatura. Infilateci i regali. Salutate. Ora, o gettate il sacco nel cassonetto in strada, o, se pensate che a qualcun altro potrebbero piacere, dateli in beneficenza. (Se vi ha regalato dei diamanti non c'è bisogno di essere così frettolose. Per esempio, potreste pensare di venderli.)

Poi cancellate il numero di quell'uomo dal telefono. Non vi serve. Cancellate tutti i suoi messaggini e le sue e-mail. Accertatevi di aver cancellato il suo nome dalla rubrica cartacea, già che ci siete. Se dovete davvero conservare il suo nome nel vostro telefono per qualsiasi ragione – tipo: vi deve ancora dei soldi – memorizzatelo sotto la lettera N come "No! No! No!" così, ogni volta che lo vedrete lampeggiare, vi ricorderà che quella non è una strada da imboccare. E non dimenticatevi nemmeno di internet – non andate a guardare la sua pagina su Facebook. E non avvicinatevi al suo account di MySpace. Che senso ha torturarvi, ficcando tutto il tempo il naso in giro per scoprire cosa sta facendo?

Potrà sembrare dura, ma poi vi sentirete meglio. Tutto questo eliminerà i costanti promemoria che alimentano i sentimenti negativi che ribolliscono e si incancreniscono dentro di voi.

Oh, a proposito di incancrenimenti: non andate a fare shopping quando vi sentite giù. Vi infilereste nella prima pasticceria a trangugiare vassoi di bignè, o, peggio, potreste decidere attraverso il velo delle lacrime che un body verde acido è la risposta a tutti i vostri bisogni. (Il verde non dona affatto al colorito da lutto.

Perfino ad Angelina Jolie non donerebbe il look da Kermit la rana.)

E ancora una cosa... odio tutte queste voci che girano sul fatto che essere l'"altra metà" di qualcuno dovrebbe rappresentare un obiettivo nella vita. È tutto molto carino, ma completamente falso. Ho amiche che per il fatto di essere single pensano di essere persone a metà, alle quali manca qualcosa, e che potranno completarsi solo quando qualcun altro comparirà all'orizzonte. Sciocchezze! Siamo tutti assolutamente unici, assolutamente completi e assolutamente meritevoli di qualsiasi cosa bella ci capiti nella vita.

Imparate a godervi la vostra vita da single. Sì, so che a volte vi sentite giù. Ma in questo caso, fatevi un giro in palestra. La ginnastica può trasformarsi in una valvola di sfogo per la rabbia emotiva repressa, che vi fa rilasciare una bella dose di endorfine e aiuta la mente a concentrarsi. Un allenamento fisico vi regala forza mentale, stabilità e fiducia in voi stesse e nel vostro aspetto, e cosa potrebbe esserci di meglio per le vostre prospettive sentimentali future di un buon allenamento fisico e mentale (che in aggiunta vi regala un paio di cosce più sottili)? Oh: in palestra è anche facile rimorchiare: consigli a pag. 78.

Un'altra soluzione catartica per esprimere le paure e la negatività è scrivere un diario. Identificare e ascoltare i vostri "problemi" è il primo passo per affrontarli prima che vi avvelenino la prossima relazione. Attenzione, però. Questo diario deve avere il lucchetto e non può essere mostrato a nessun altro! Permettere che il vostro prossimo uomo scopra che dentro di voi si cela una killer di coniglietto, stile Glenn Close di *Attrazione fatale*, non è una buona mossa.

E già che state scrivendo, non dimenticate di dedicare un pomeriggio a elencare tutti i difetti del vostro ex. Il tempo cancella i tratti più sgradevoli che all'epoca vi facevano infuriare e la distanza enfatizza e abbellisce in modo sproporzionato quelli positivi. Ma se la relazione è finita, non doveva essere tanto bella, giusto? Un lungo elenco delle cose che odiavate in lui è sempre un ottimo strumento che vi aiuterà ad andare avanti quando nella vostra mente cominceranno a insinuarsi i primi dubbi.

Fate tutte queste cose. Eliminate quell'ex dal vostro organismo. Gli ex amanti non meritano la vostra attenzione, perciò perché avvelenarvi la vita con tanta amarezza?

E se, mentre state leggendo, pensate che voi invece andate ancora d'accordo con il vostro ex, e perciò niente di tutto questo è rilevante, tenete comunque in considerazione queste pagine.

Siete davvero *amiche* del vostro ex? Perché? Io i miei non li chiamo mai. Ed è molto raro che degli ex amanti possano rimanere amici. Anche se si resta in contatto, di solito si finisce con il fare a gara per chi andrà a convivere per primo con il nuovo partner più favoloso. E a voi questo non serve. *Mollatelo. Prima riuscirete a tagliarlo fuori dalla vostra vita, meglio sarà.* Emotivamente, la sua presenza vi impedisce di guardare avanti, vi prosciuga di tutte le energie e danneggia la vostra anima. Ogni istante in cui ripensate o restate in contatto con un ex è tempo del tutto sprecato.

E se in un momento di follia isterica doveste davvero pensare di tornare insieme al vostro ex (o di infilarvi a letto con lui), allora dovete davvero essere fuori di testa. Così facendo, rimarrete in stato comatoso all'interno di uno spazio emotivo che avreste già dovuto lasciarvi abbondantemente alle spalle.

Ci sono fin troppe cose belle là fuori e non avrete mai il tempo di sperimentarle se rimarrete aggrappate a un ex. Non indugiate sul passato ma tuffatevi nelle meravigliose possibilità che riserva il futuro.

Liberatevi della zavorra e andate avanti!

Basta "*se solo*". Basta rimpianti. Basta pensare: "Se avessi fatto questo o quello avrei potuto evitare che la mia relazione precedente colasse a picco" o "Era la mia unica occasione di essere felice e me la sono giocata" o "Sono troppo vecchia e stanca/grassa/impegnata/cattiva e sfigata per rimorchiare".

È ora di andare avanti e di cambiare la mentalità che vi convince che in qualche modo è colpa vostra quando una relazione comincia ad andare a rotoli. Tutti noi abbiamo avuto relazioni negative. Voi le avete avute. Io le ho avute. (Una volta un tizio mi ha mollato perché secondo lui la mia casa era infestata dal fantasma di un gatto. Completamente pazzo.)

Non pensate mai di essere "iellate" o "sfigate". Così facendo, permettete ai fantasmi dei vostri ex di condizionarvi ancora la vita. Imparate quello che c'è da imparare dall'esperienza e andate avanti. (Io ho anche traslocato, così il micino fantasma non poteva più mandarmi all'aria i piani.)

Stranamente, potreste perfino finire con l'essere grate al vostro ex, perché quello che vi ha insegnato migliorerà molto la vostra prossima relazione.

Non importa quali sono i motivi per cui siete single, affrontateli e andate avanti.

Epitteto, un filosofo greco nato nel 50 d.C., sosteneva che non sono gli eventi reali a infastidire gli esseri umani, ma il modo in cui questi eventi vengono *percepiti*. Quello che voleva dire è che se non puoi cambiare il tuo mondo, la tua realtà, puoi sempre cambiare il modo in cui ti relazioni a essa.

Eric Idle dei Monty Python, che è nato parecchio tempo dopo, affermava che «La vita è una vera m...», il che è piuttosto negativo, ma il suo consiglio di fischiettarci su e prenderla con il sorriso è comunque buono.

Non rimuginate sul passato o non *permetterete* a voi stesse di essere felici. Fidatevi, finirete solo con l'arrabbiarvi quando, guardando indietro, vi renderete conto di quanto tempo avete sprecato crogiolandovi nella vostra insicurezza.

Sforzatevi sempre di vedere il lato migliore delle cose. Provate a praticare un po' di pensiero positivo e il mondo diventerà un posto più facile in cui vivere, appuntamenti compresi! Se avete tempo, provate a leggere uno dei libri di Deepak Chopra sulla spiritualità. In caso contrario (ne ha scritti più o meno una quarantina, e parlano di argomenti come la fisica quantistica, che non tutti sono in grado di digerire prima di colazione), basta che teniate a mente uno dei suoi consigli, e cioè che ogni problema dovrebbe essere considerato come un'opportunità mascherata.

Il problema della vostra solitudine, in realtà, è semplicemente l'opportunità di acciuffare un nuovo uomo meraviglioso.

La mise en place: ragazze, preparatevi!

«La bellezza sta negli occhi di chi guarda.»
PROVERBIO

E può davvero essere aiutata con un po' di ginnastica,
una ceretta ai baffetti, una buona pulizia del viso
e un weekend in una stazione termale.
GERRY

Mise en place è l'espressione che i grandi chef usano riferendosi alla preparazione di tutti gli ingredienti di un piatto, molto prima che debbano finire in padella: tritare le erbe, pelare le patate, sgranare i piselli. Tutto deve essere eseguito con la più grande cura, altrimenti il risultato finale sarà irreparabilmente rovinato!

Nel nostro caso, ragazze, il vostro corpo, il vostro guardaroba, la vostra mente, le vostre emozioni e così via sono gli ingredienti da preparare e mescolare per cucinare questo piatto succulento... *voi.* Un piatto sul quale gli uomini si tufferanno, letteralmente, da destra e da sinistra! Pensate a voi stesse come al piatto vincente de *La prova del cuoco.*

Vediamo di cosa abbiamo bisogno per prepararvi a conquistare il titolo di piatto del giorno.

La mente

Comincio da qui, perché è fondamentale mettersi nella giusta predisposizione mentale prima di dare il via all'Operazione Appuntamenti. Non ha senso presentarsi con un look meraviglioso se poi si finisce con il tenere il muso e fare tappezzeria per tutta la sera. La mente è la base di controllo da cui prende il via tutto il resto. Proprio come sintonizzate la mente sulla modalità *parole-crociate* per dirigere il pensiero verso la risoluzione di tutti i quesiti e completare tutte le caselle, così, quando si parla di appuntamenti, dovete sintonizzare la mente sulla modalità *disponibile-a-una-relazione*.

Ora, so che la condizione di single può essere difficile, specialmente in una città, dove si è circondati da molta solitudine. Ma tutti noi una volta o l'altra ci siamo sentiti soli. È una componente naturale della condizione umana. Il trucco è non permettere che questa solitudine conduca alla depressione e a pensieri negativi, che quando si ha a che fare con affari di cuore diventano confusi. Molte ragazze con cui parlo spesso incolpano se stesse, pensano di essere in qualche modo indegne, e finiscono con il sentirsi piccole, sopraffatte e sconfitte. E quando ci si sente così, si rischia di impantanarsi in situazioni inaccettabili con uomini che non ci piacciono, ma con i quali si continua a stare solo per avere compagnia e per provare la sensazione che a qualcuno importi di noi.

Mie care, posso capire questo comportamento. Ma non posso accettarlo. Non va bene! Su il mento (e le mutande)! Se vi ritrovate in una situazione come questa, dovete riprendere in mano la vostra vita con fermezza. (Consideratelo un allenamento per la mano ferma che dovrete dimostrare più avanti con il vostro nuovo ragazzo!) Voi non siete indegne. Siete favolose e vi meritate di trovare qualcuno di altrettanto favoloso. Ricordatevelo.

Se vi sentite giù, trovate il tempo ogni giorno per riconquistare l'equilibrio, liberare la mente dallo stress e restare per qualche istante completamente in pace con voi stesse. Avanti, viziatevi. Trovate cosa vi fa sentire bene. Senza provocarvi sensi di colpa. Potreste provare a fare ginnastica. O magari delle candele profumate e una seduta di meditazione nella vasca da bagno con il canto delle balene come sottofondo. Una mia amica va da Chanel (senza portafoglio), si prova ogni singolo paio di scarpe e poi se ne va annunciando che preferisce quelle che ha visto in fondo alla strada da Prada.

Fate qualsiasi cosa vi infonda entusiasmo. Allenatevi a non prestare attenzione ai pensieri negativi che si accumulano quando siete stanche e avete avuto una giornata terribilmente stressante. Quel vecchio detto secondo il quale le cose appaiono migliori il mattino dopo è sempre vero. Quando mi sento uno straccio, penso al luogo più bello che riesco a immaginare, per esempio un'isola con il cielo e il mare blu.

Ogni giorno, uscite dalla porta a testa alta e camminate con la sicurezza di chi è padrone del mondo. Se non vi sentite tali, fingete.

Ragazze, vi imploro, consideratevi qualcosa di meraviglioso. Ripetetevelo ogni giorno. La relazione più importante di tutte, nella quale sentirsi soddisfatte e in pace, è quella con voi stesse!

Non prendete in considerazione la possibilità che qualcuno possa rifiutarvi qualcosa, e invariabilmente otterrete quello che volete. Irradiate positività, proiettate fiducia e sicurezza e gli uomini vi tratteranno nello stesso modo.

Bene, allora. Il mento è alto? La malinconia se ne è andata? Passiamo a occuparci del corpo.

Il vostro corpo

Siete un pochino... voluttuose? E allora? Agli uomini piacciono le donne curvilinee alla Rubens (entro certi limiti, ovvio!). Non le vogliono necessariamente pelle e ossa (a meno che non si chiamino David Beckham); quello che vogliono è J-Lo, con il suo pimpante, tondo didietro! E questa non è sicuramente una moda nuova. Marilyn Monroe, la prima bomba sexy, era a quanto sembra una quarantotto e gli uomini andavano pazzi per lei. Anzi, tutti gli uomini con cui ho parlato sostengono che le donne più rotonde sembrano avere personalità più interessanti. Ammettiamolo, mentre tutte quelle magre sono giù in palestra a sudare e a lavorare sui loro valori cardiaci, voi donne con le curve siete al bar a divertirvi e ad attaccare bottone con gli uomini.

Inoltre, una volta che comincerete a seguire le mie regole, lui non vi vedrà senza vestiti per tre mesi almeno. Per allora, sarà così stregato che non noterà nemmeno quei pochi grammi di voluttuosità sparpagliati qua e là!

Perciò non aspirate a emulare quelle modelle taglia 36. Ne ho incontrate un sacco e, credetemi, dal vivo sono decisamente poco attraenti. Non sono sexy. Assomigliano a ragazzini scheletrici! Conosco una persona famosa che partecipa davvero alle feste con un cetriolo a fette nella borsetta, per evitare di mangiare le tartine. E ne ho viste altre andare nel panico per le calorie contenute in una barretta vitaminica. Che cosa nevrotica! E quelle che svengono per il troppo digiuno? Ho visto anche queste. Che tristezza! Digiunare tutto quel tempo per entrare in un abito da sera, e poi trascorrere la serata incoscienti al pronto soccorso.

D'altro canto, non è bene nemmeno ingrassare *troppo*. Sì ragazze. Potrà fare male sentirselo dire, ma vi ho promesso un amore severo. Odio lo slogan «Sono grassa, così lui ha più carne da abbracciare». Essere gravemente sovrappeso non è più salutare e sexy che essere anoressiche e magre come un chiodo.

Ed è anche una forma di auto-sabotaggio. Vi state eliminando dal gioco ancora prima che cominci.

È un circolo vizioso. La depressione e la solitudine possono portare spesso a consolarsi con il cibo. Questo si trasforma in una pessima condizione fisica; il che affossa ancora di più la vostra autostima. E così finite con il ritrovarvi davanti al microonde, a urlare che si spicci! Ma voi saltatene fuori. Ripensate a quello che vi ho raccontato sulla mente. Il vostro stato mentale si riflette sul corpo. Datemi pure dell'insensibile, ma volete davvero trasformarvi in un frigorifero, con la lucina che si accende ogni volta che aprite la bocca?

Non vi sto ordinando di abolire il cioccolato, o di

non pasteggiare con buon cibo e buon vino. Ma se volete tenere alla larga quei chili, adottate questo semplice mantra:

✓ Colazione da re,
pranzo da principe e cena da povero.

Al diavolo le diete alla moda. Questo è un consiglio antico ma valido. Le responsabili delle vostre maniglie dell'amore potrebbero essere proprio quelle abbuffate notturne. Rispettate e amate il vostro corpo e gli uomini faranno lo stesso.

(E sì, lo so che ho messo su dodici chili scrivendo questo libro e che adesso mi ritrovo una pancia a forma di botte, ma è stato un atto di amore e di sacrificio nei vostri confronti. Questa settimana andrò in palestra quattro volte e mentre scrivo sto grigliando un trancio di salmone. Nel giro di un mese le mie maniglie dell'amore saranno sparite.)

A proposito di corpo (questo mi renderà decisamente impopolare, ma bisogna che qualcuno ve lo dica), ragazze: alcuni dei miei amici si lamentano dei peli. Ci saranno anche uomini, là fuori, che amano le donne pelose, ma la maggioranza apprezza una superficie femminile liscia, e non mi riferisco solo a gambe e inguine...

Esaminatevi per bene allo specchio sotto una bella luce forte. Sono baffi quelli? Posso consigliarvi una ceretta, dell'acqua ossigenata o magari una seduta di elettrocoagulazione? (Le ragazze greche lo fanno in continuazione. Perfino io mi compro un kit per scolorire le parti più villose. Incrociamo le dita, se questo libro andrà bene sottoporrò tutti i miei peli a un vero massacro laser. È perfettamente normale, fatelo e basta.)

E depilatevi sotto le ascelle. Rabbrividisco ancora al ricordo di Julia Roberts che sul tappeto rosso saluta tutti con quelle orribili ascelle pelose.

Okay, ci sono situazioni in cui i peli superflui sono accettabili. La regina degli Iceni probabilmente aveva le ascelle pelose, ma era impegnata a dare fuoco a Colchester e a guidare l'insurrezione delle sue tribù contro l'occupazione da parte dell'impero romano. Voi, però, questa scusa non l'avete.

La vostra età

Pensate di essere troppo vecchie? Da buttare? Ma smettetela! Maturo è sexy! Avete più esperienza e vi conoscete meglio di quanto non vi conoscevate dieci anni fa. Anche io avevo paura di arrivare ai trenta. Gli anni dei gay sono come quelli dei cani e mi avevano sempre detto che i trenta per un omosessuale equivalevano alla morte. Ma in realtà, a trentuno sono più in forma che mai, sia mentalmente sia fisicamente. Penso ancora a me stesso come a un diciottenne, solo che adesso ho tredici anni di esperienza in più sulle spalle.

Non dovete preoccuparvi se raggiungete senza un uomo uno dei grandi traguardi della vita: diciotto anni, ventuno, trenta, quaranta o cento. Ogni volta la vostra situazione è migliore di quella precedente. Inoltre, se invecchiare è inevitabile, sembrare vecchi è un optional. Non è necessario che cominciate a farvi il riflessante azzurro e che vi copriate le ginocchia con una coperta, sapete? E potete sempre raccontare qualche bugia. Diminuite la vostra età di due anni quando ne avete venti, di tre a trenta e così via. Quando arriverete a cento, nessuno farà discussioni se direte di averne novanta. (A proposito, quando mentite a proposito della vostra età, guardate sempre il vostro interlocutore negli occhi. Così sembrerete sincere.)

Il vostro stile

Ora che avete messo ordine nella mente, nel corpo e nel contagiri, possiamo occuparci del guardaroba.

Prima di tutto, esaminatevi davanti allo specchio e decidete quali sono le vostre caratteristiche migliori. Cosa vorreste enfatizzare e cosa vorreste minimizzare? Scegliete abiti che donino alla vostra figura, magari un colore che esalta quello dei vostri occhi o un taglio che valorizza il seno. Un ottimo trucco è fare un giro nei negozi degli stilisti, provare i loro abiti e farsi consigliare dalle loro super servizievoli commesse – che lavorano tutte su commissione e pensano che comprerete sul serio quel top da 500 euro – poi andate a comprare qualcosa di simile nei negozi più a buon mercato.

Datevi qualche ritoccatina. Magari vestitevi un po' tipo le riviste "pulp" degli anni Cinquanta. Perché non trasformarvi in una cattiva ragazza alla Betty Page (se non avete idea di chi sto parlando, andate a cercarla su Google!)? Pensate a Sandy in *Grease*: da ragazza sdolcinata e zuccherosa si è trasformata in una pantera motociclista per conquistare il suo uomo. Dentro era la stessa ragazza, ma si è sottoposta a qualche ritocco cosmetico e stilistico. Non sto dicendo che dovreste infilarvi in un corsetto e brandire una frusta ogni volta che oltrepassate la soglia di casa. Solo, mettetevi un po' in tiro.

Niente volgarità, però, ragazze: la regola è stuzzicare, alludere, non vogliamo mettere in mostra tutta la merce. Se mostrate il décolleté, allora per favore non mostrate le gambe. Siete una donna sexy, non una donnaccia.

Prendete esempio da Madre Natura, che abbellisce gli uccelli con piume dai colori brillanti, l'esca con la quale riescono ad attirare la loro anima gemella. Un gioiello eccentrico è sempre un buon modo per catturare l'attenzione di un possibile compagno. Vi offre un argomento di conversazione. Ma non addobbatevi con centinaia di ninnoli, o finirete con l'assomigliare a uno di quei battelli da crociera che attraccano al molo, tutti fuochi d'artificio e festoni colorati, e spaventerete il vostro uomo.

Inoltre, a meno che non siate una bellezza latina come J-Lo, vi suggerirei di non indossare enormi orecchini d'oro ad anello e medaglioni. E no, assolutamente *no*, a quei giganteschi anelli d'oro con dentro una moneta. Sono terribili su chiunque e non rimorchierete mai.

Il vostro profumo

Investite in un profumo delizioso. Evitate tutto ciò che viene volgarmente sponsorizzato da qualche celebrità. Stiamo cercando di diventare ragazze di classe, qui.

Coco Chanel, la decana della moda parigina, diceva: «Una donna senza profumo è una donna senza futuro». Assicuratevi un futuro esoticamente profumato. Il vostro profumo è la vostra aura, la vostra impronta. È un altro modo per viziare i suoi sensi, un altro dettaglio che vi farà ricordare.

Scegliete una fragranza classica, elegante, non troppo forte, ma abbastanza da essere ricordata. (Non scegliete per *nessuna* ragione un profumo a cui è stata associata un'altra donna della sua vita. Tirategli fuori furtivamente l'informazione, chiacchierando per pochi istanti con lui a proposito dei profumi femminili che preferisce. Non vorrete sicuramente che spasimi per la sua ex ogni volta che si strofina contro il vostro collo profumato.)

Quando scegliete un profumo, non provatelo su quelle stupide strisce di carta che vi porgono le commesse. Provatevelo sul polso, così che si mescoli al profumo della vostra pelle, e verificate come interagisce e si trasforma. Chiedete un'opinione sincera a un'amica, poi, se il verdetto è positivo, compratelo. E da questo momento trasformatelo nel vostro profumo distintivo, così che lui, nel suo cervello, lo associ sempre a voi.

Una mia cara amica, che è anche una donna incredibilmente sexy, mi ha raccontato che quando se ne va dall'appartamento del suo partner, gli spruzza un po' di profumo sul letto. Quel pover'uomo è allergico e come risultato non la smette più di starnutire, ma quando va a letto solo, ogni volta che chiude gli occhi pensa a lei.

Un trucchetto simpatico è acquistare un piccolo nebulizzatore spray. Riempitelo con il vostro profumo e, durante un appuntamento, spruzzatevi dietro alle orecchie e sui polsi davanti a lui. Piegate la testa all'indietro mettendo in mostra il collo e lasciate che vi guardi mentre puntate l'interno del polso verso di lui. In entrambe queste zone, la pelle è delicata e sensibile e lui, inconsciamente, lo interpreterà come un atavico gesto di sottomissione davanti alla sua grande e potente virilità. (Pazzo, sciocco e incauto! Una delle premesse principali dello "strapazzarli" è che potete costantemente farvi gioco di loro da un punto di vista seduttivo senza che nemmeno se ne rendano conto.)

Make-up e coccole

Anche io mi trucco: il trucco nasconde un milione di imperfezioni. E nessuna signora dovrebbe uscire di casa senza cipria e rossetto in borsa. Quando siete stanche, una spolverata veloce di terra abbronzante è un toccasana. Gli orrori grigi attorno agli occhi possono essere nascosti con un tocco di Touche Éclat di Yves Saint Laurent, quello che usano le modelle. Alcune lo applicano addirittura su tutto il viso, ma se questo trucco può andar bene su un set fotografico, di persona può farvi sembrare un po' troppo "luminose".

Procuratevi un ottimo fondotinta. Entrate in una buona profumeria e fatevi indicare dalla commessa la sfumatura perfetta per la vostra pelle. Fissatelo con un velo di cipria trasparente e rimarrà impeccabile fino a sera. Dopo il tramonto, se vi dona, indossate una tonalità di rossetto criminalmente scura; ma di giorno optate per un burro cacao o un gloss più chiaro. Sono meno evidenti, ma gli faranno lo stesso venire voglia di baciarvi sulle labbra. (Non esagerate, però, spalmandovene uno strato spesso un dito, o sembrerà che vi siete appena abbuffate di sardine bisunte.) Ultimo ma non meno importante: applicate del mascara. E a questo punto devo ringraziare Lea, la mia coinquilina in quella gabbia di matti che era il *Grande Fratello*. Ha testato venti marche di mascara per aiutarmi con questo libro, così ora possiamo consigliarvi il migliore. Quello che secondo lei è il più brillante e che separa le ciglia senza sbavare è il Define-A-Lash mascara di Maybelline. E per fortuna è anche uno dei più economici. Grazie Lea, e buon sfarfallio di ciglia, tesoro!

Non abbiate mai paura di esagerare con le coccole verso voi stesse. Un appuntamento mensile dall'estetista. Un weekend in un centro benessere. Sì, sono cose che costano, ma sono anche un eccellente investimento di tempo e denaro, perché se vi prendete cura di voi stesse, attirerete il tipo di uomo che farà la medesima cosa.

E da ultimo...

Non cascateci. Non cadete mai nella trappola di sentirvi insicure perché pensate di non essere in gamba come le altre donne.

Le riviste sono piene di articoli su donne bioniche con quattro figli, mariti meravigliosi e un'enorme casa immacolata, che trabocca di mobili d'antiquariato e di lampadari di vetro di Murano. Si concedono i trattamenti estetici più all'avanguardia, si vestono dalla punta dei piedi alla cima dei capelli con le marche più esclusive, non sanno cos'è la cellulite e vantano tutte una strepitosa carriera nella finanza, nella moda o come Pr.

Ho incontrato queste donne. Vi assicuro che sono mummificate dal Botox, hanno la pelle del collo raggrinzita per via di tutte quelle costosissime vacanze al sole, sclerano tutti i secondi con i figli e vanno nel panico ogni volta che quella perfezione di marito capita a tiro di una donna con metà dei loro anni. Oh, e la cellulite ce l'hanno eccome. Tutte ce l'hanno.

Amatevi e sarà l'inizio di una storia d'amore lunga una vita. La vanità non è una cosa così negativa quando vi rende positive, oltre che eleganti. Una delle donne più favolose che siano mai esistite, Madame de Pompadour, riusciva a farsi soddisfare ogni capriccio dal re di Francia... ed era incredibilmente vanitosa. Si dice che, in punto di morte, si sia rivolta a Dio gridando: «Aspetta un attimo!» e si sia data un po' di fard sulle guance!

Ora, ecco una *checklist* riassuntiva per ottenere la migliore *mise en place*. Voglio che tutte le voci siano sbarrate:

- Atteggiamento positivo?
- Tacchi?
- Baffetti?
- Miglior vestito?
- Mutande della nonna della serie teniamo-tutto-dentro-e-simuliamo-una-figura-perfetta?
- Rossetto?
- Borsetta con rossetto, cipria, profumo e fard?

Ora siete pronte per sbranare quel nuovo uomo sul quale avete messo gli occhi!

Dimostrate alla vostra collezione di ex amanti e fidanzati che ormai sono storia trapassata e accalappiate l'uomo perfetto. Non importa se ci vorrà un po' di tempo. La vendetta, più matura lentamente e più è dolce quando viene colta!

E non dimenticate di godervi la libertà che avete adesso. È davvero magnifico che siate di nuovo single, o se preferite "fra un fidanzato e l'altro". È magnifico perché potete godervi tutti gli appuntamenti e la caccia al vostro Mr. Right. Ora, leggete i miei consigli e andate a farvi spennare!

La vostra agenda nera degli appuntamenti

«Chi dorme non piglia pesci.»
PROVERBIO

Se volete pescare il pesce più grosso là fuori,
allora dovete avvicinarvi al valzer degli appuntamenti
come vi avvicinate ai saldi di gennaio:
con determinazione, inflessibilità,
pianificazione e un elenco.
L'unica differenza tra fare shopping di saldi
e shopping di uomini
è che il primo lo potete fare anche con i tacchi bassi,
ma per il secondo esigo almeno dieci centimetri.
GERRY

Procuratevi una piccola agenda nera (ripensandoci, non così piccola: ho intenzione di trasformarvi in un'autentica calamita per uomini) e usatela per pianificare il vostro attacco. Se incontrate degli uomini che vi piacciono, prendete nota dei loro nomi e di come procedono le cose nel corso delle settimane seguenti. Dove vi siete conosciuti? Avete flirtato? Hanno richiamato? Scrivete tutto! Quanto tempo hanno impiegato per richiamarvi? Scrivetelo! Qual è stato il luogo del vostro primo appuntamento, quali erano i loro pregi e i loro difetti, sono stati gentili, si sono dichiarati... insomma avete capito. Compilate un breve elenco degli uomini che vi interessano e del perché vi piacciono. Tenete traccia dei luoghi e delle occasioni nei quali avete incontrato esemplari dell'altro sesso e ripromettetevi di farci di nuovo una puntatina quanto prima. È utile avere una lista di "zone pescose" su cui contare nei periodi di magra.

Ignorate chi vi dice che troverete l'amore quando smetterete di cercarlo. Baggianate! Andate a cercare! Mettete nella ricerca di un uomo la stessa concentrazione che mettete nella vostra carriera. Perché no? Di solito una relazione dura più di un lavoro, perciò dovreste cercare un uomo almeno con la stessa serietà e pianificazione!

Prima di cominciare la ricerca (o la caccia!) è essenziale sapere cosa si vuole e qual è l'offerta. Compilate le tabelle che seguono. Avanti! Non vi sta guardando nessuno! Fate finta di essere alla ricerca di un nuovo lavoro. Non potete uscire con le idee vaghe, cercando la prima cosa che capita. Dovete focalizzarvi sui vostri punti di forza, sui vostri bisogni e su quello che siete disposte a sopportare ogni giorno.

Siate oneste, per favore!

Questo semplice esercizio vi aiuterà a riconoscere i vostri pregi e ad affrontare tutti i difetti che forse cercate di evitare.

Prendete un bel respiro e guardate in faccia con chiarezza e coraggio le vostre debolezze. Questo vi aiuterà a concentrarvi sui cambiamenti che potreste aver bisogno di apportare alla vostra personalità, al vostro aspetto o alle vostre abitudini.

I MIEI PREGI	I MIEI DIFETTI
Avanti, deve pur esserci qualcosa. Chiedete un parere ai vostri amici. *Siete leale?* *Paziente?* *Divertente?* *Sapete cucinare il soufflé?* *Sapete fare finta che il calcio vi interessi?* *Sapete fingere un orgasmo?*	*Adesso forza, siate oneste.* *Siete un disastro di cuoca, i vostri soufflé si sgonfiano?* *Siete un po' impazienti?* *Vi hanno dedicato un documentario della serie* Fidanzate infernali?

La vostra lista dei desideri

Ora compiliamo una lista di uomini potenziali. Fate un elenco di tutti i requisiti che devono avere (ma ovviamente non parlatene mai con i vostri corteggiatori). Potrebbe essere importante l'aspetto, il successo nel lavoro, l'eloquenza, le buone maniere, le prodezze sessuali. (Svergognate! Non crediate di poterlo scoprire fino a quando la relazione non sarà già ben avviata!)

Quando comincerete a uscire davvero, date un punteggio a ogni uomo con cui vi vedete in base a questa piccola tabella che terrete nel vostro libro nero. Ma siate realistiche! Per esempio «Deve saper guidare» va bene, ma «Deve guidare una Ferrari» è un requisito infantilmente troppo ambizioso. Non sprecate tempo e lacrime rivolgendovi a uomini irraggiungibili (modelli, pop star, leader mondiali). Vogliamo puntare in alto, ma questo non è un film di James Bond. (Fra l'altro, James Bond sarà anche bravo a letto, ma è un vero disastro quando si tratta di impegnarsi, perciò girate alla larga da lui e da quelli come lui, ragazze!)

		SI	NO
Età	**Accettereste una relazione con una certa differenza di età?** (Intendo solo un paio di anni, non venti, per favore. E vogliamo un uomo che guidi una bella macchina, non una Rolls Royce.)	□	□
Personalità	**Come deve essere l'uomo che state cercando?**		
	Sensibile?	□	□
	Divertente?	□	□
	Eloquente?	□	□
	Maturo?	□	□
	Concreto?	□	□
	Protettivo?	□	□
	Romantico?	□	□
	Virile?	□	□
	Ricco sfondato?	□	□
Aspetto	**Altezza** (Voi siete alte? Potreste sopportare di vivere tutta la vita in un paio di ballerine, accanto a un uomo basso? Carla Bruni è incantevole anche con quelle...)	□	□
	Capelli (Deve averne almeno qualcuno? Vi infastidiscono i capelli tinti? Ricordate che la tinta nera può seminare la devastazione sulle lenzuola.)	□	□

		SI	NO
	Vi infastidisce uscire con un uomo dalla corporatura massiccia? (Ricordate che vi farà apparire più magre.)	☐	☐
	Vi disturba una schiena pelosa? (Tenete presente che difficilmente vi imbatterete in un 10 perfetto, perciò meglio lasciare spazio a qualche imperfezione e puntare a un 7.)	☐	☐
	Elencate tutte le caratteristiche da evitare assolutamente:		
Lavoro	**Volete Mister Carriera?**	☐	☐
	Riuscireste a condividere la vita bohémienne di un artista povero in canna?	☐	☐
Condizione economica	**Potreste uscire con un uomo che guadagna meno di voi?**	☐	☐
	Ne volete uno che guadagna di più? (Piccole cacciatrici di patrimoni!)	☐	☐
Istruzione	**Quanto è importante per voi il livello d'istruzione?**		
	Traguardi che un uomo deve avere raggiunto:		
	Scuola media?	☐	☐
	Diploma?	☐	☐
	Laurea?	☐	☐
	Master?	☐	☐
	Dottorato?	☐	☐
	Aver frequentato l'Università della vita è sufficiente?	☐	☐
Attitudine a diventare genitore	**Voi volete dei bambini?**	☐	☐
	Avete già dei bambini?	☐	☐

		SI	NO
Hobby e interessi	**Devono andare d'accordo con i vostri?**	□	□
	Deve piacergli:		
	Il cinema?	□	□
	Viaggiare?	□	□
	La musica?	□	□
	Mangiare fuori?	□	□
	Cucinare?	□	□
	Andare in bicicletta?	□	□
	L'automobilismo?	□	□
	La paleontologia?	□	□
	Salvare il mondo?	□	□
Attività fisica	**Deve essere un maniaco della palestra?**	□	□
Abitudini	**Potreste uscire con un fumatore?**	□	□
Proprietà immobiliari	Avanti, siate oneste! Per me non è un problema dare una mano alle cacciatrici di patrimoni che si nascondono fra di voi. Non volete legarvi a meno che lui non possegga almeno una villetta bifamiliare?	□	□

Man mano che leggerete il mio libro, questi punti vi daranno un'idea su dove andare a cercare il vostro uomo. Volete un uomo in carriera? Allora approfittate dei miei consigli sui bar vicino agli uffici (pag. 79). Non vi dà fastidio il fumo? Dirigetevi verso le aree fumatori e seguite le mie dritte su come flirtare con una sigaretta in mano (pag. 81). Volete degli addominali di ferro? Correte ai consigli su come rimorchiare in palestra (pag. 78). Preferite un uomo istruito? Esistono dei siti nei quali l'istruzione è uno dei parametri di ricerca, perciò date un'occhiata ai miei consigli per chi decide di cercare su internet (pag. 104). Volete un uomo con i soldi? Be', buon per voi, perché non dovreste volere un uomo in grado di viziarvi e di ricoprirvi di diamanti? Sono decisamente a favore degli uomini ricchi, e per voi, piccole cacciatrici di tesori affamate di amore, ci sono i consigli su come evitare gli studenti e gli artisti spiantati (pag. 84).

Ma non siate troppo rigide. Non caricate la vostra "lista della spesa" di aspettative poco realistiche. Okay, Angelina Jolie ha trovato il suo Brad Pitt, ma lei è una star del cinema famosa in tutto il mondo, ricchissima e con una bocca assurdamente sexy. Noi poveri mortali senza labbra pneumatiche, non possiamo andare in giro con un Bradpittometro nella testa, respingendo tutti quelli che non raggiungono standard altrettanto alti. Non vi sto chiedendo di uscire con il gobbo locale, ma concedere una possibilità anche agli uomini fisicamente meno perfetti avrebbe molti argomenti a favore. I dieci sono difficili da trovare. Perché allora non dare una seconda occhiata a un ragazzo che raggiunge un sette sia nell'aspetto sia nella posizione sociale?

Troppe donne hanno in testa un modello di uomo ideale. Hanno deciso come deve vestire il suo meraviglioso metro e novanta e come deve guardarle con i suoi perfetti occhi blu, mentre gli passano le dita fra i folti capelli scoloriti dal sole. Poi ecco che arriva un uomo assolutamente discreto che chiede loro di uscire, e lo respingono perché non è all'altezza di questo ideale.

Ragazze, intestardirsi sul modello che avete in testa è

una follia. Non lasciatevi scappare gli uomini reali solo perché non combaciano con il vostro Mr. Immaginario. Rischiereste di uccidere meravigliose relazioni ancora prima che abbiano la possibilità di sbocciare.

Lasciate che vi dica due parole sugli uomini belli. Un ragazzo eccezionalmente attraente potrebbe sembrare un buon partito, ma con molte probabilità non lo è. Gli uomini fisicamente bellissimi vorranno sempre poter contare sulla loro corporatura muscolosa e sul loro aspetto piacevole. Non hanno bisogno di impegnarsi a sviluppare una personalità che colpisce o di cominciare a comprendere come si rende felice una donna. Inoltre questo genere di uomo ha una manutenzione molto, molto costosa. Lo so perché sono uscito con alcuni di loro. Quel petto spettacolare avrà bisogno di cerette, quell'abbronzatura necessiterà di ore di rosolature nei centri estetici, la pelle perfetta richiede pulizie del viso costanti e quelle cosce impongono ore di palestra. Che noia!

Ricordatevi, la bellezza sbiadisce, gli addominali hanno una data di scadenza (i miei sono deceduti l'anno scorso, che Dio li abbia in gloria!), ma il cervello e la personalità durano molto di più. Se qualcuno che vi piace vi invita fuori, ma il suo aspetto non corrisponde a quello che dovrebbe idealmente avere il vostro partner, non respingetelo di netto. Concedetegli una possibilità. Uscite con lui. Se non vi piacerà, allora d'accordo, passate ad altro. Si tratta solo di una sera e, alla peggio, forse troverete un amico, il che non può certo essere considerata una brutta cosa!

E non liquidate nemmeno qualcuno solo perché non svolge un lavoro eccitante. I bocconcini succulenti si trovano nei posti più impensati. Nella mia palestra ci sono alcuni esemplari fisicamente meravigliosi che mi hanno raccontato di lavorare nel campo informatico; e credetemi, quando il mio appartamento di Edimburgo era in fiamme, i pompieri che sono intervenuti erano, purtroppo, tutti piuttosto bruttini. (Quelli belli probabilmente erano impegnati a spalmarsi di olio in preparazione del servizio fotografico per il calendario di beneficenza.)

Ecco un caso che illustra i pericoli di essere troppo schizzinose.

Kate, 33 anni

Figlia minore, con tre sorelle tutte felicemente sposate, Kate aveva degli standard eccezionalmente elevati. Era appena uscita da una relazione molto brutta con un uomo che rispondeva a tutti i requisiti del suo "uomo modello": era scuro, alto e attraente, oltre che economicamente benestante. Ma anche un fedifrago seriale, tanto arrogante da non preoccuparsi nemmeno di nasconderlo, che l'aveva segnata emotivamente.

Dopo un anno, Kate ha incontrato Tom in un bar. Era l'esatto opposto del suo modello "ideale" di uomo. Con qualche timore, lei ha accettato un primo appuntamento e le cose sono sembrate partire con il piede giusto, ma lei era ancora insicura e preferiva non lasciarsi coinvolgere, perché l'aspetto di Tom non combaciava con il suo modello. Per caso, però, una sera ha rivisto il suo "meraviglioso" ex e tutto l'orrore della loro storia è tornato a travolgerla, costringendola a riconsiderare la propria posizione e a dare a questo nuovo uomo una possibilità. «Tom era sciatto, ma forte. Non era splendido, certo, ma premuroso. E io mi sentivo sicura per la prima volta da tanti secoli.»

Ormai si frequentano da sei anni e l'anno scorso sono stato invitato al loro matrimonio. Kate è incinta e Tom è destinato a diventare un padre fantastico.

Perciò avanti. Concedete una possibilità anche a Mr. Ordinario. Alla fine, potreste scoprire che in realtà è Mr. Perfezione.

Scegliete l'obiettivo e date il via al gioco!

Adesso che vi siete liberate di tutta la vecchia zavorra e avete compreso che cosa state cercando in un uomo o in una relazione, è ora di imparare alcune regole di base del Gioco degli appuntamenti.

E sì, è *davvero* un gioco, con trucchi e strategie, oltre che regole, che vi garantiranno ogni volta la vittoria...

SECONDA PARTE

Come trattarlo male quando lo incontrate

«Mens sana in corpore sano»
(Una mente sana in un corpo sano)

Ecco quello che noi uomini vogliamo, ragazze.
Niente menti insane che fanno il broncio in casa,
con il didietro infilato in un'orribile tuta da ginnastica.
GERRY

E ora a caccia!

Okay. Basta con la psicoanalisi. Non c'è più tempo. Tutti gli uomini più affascinanti se li stanno accaparrando le altre. Ho bisogno che mettiate anche voi il naso fuori.

Non mi sono mai piaciuti gli ultimatum, ma devo ammettere che funzionano. Siete state single senza motivo per troppo tempo! Immaginate che sia la mezzanotte meno cinque di un venerdì sera e che voi dobbiate entrare drasticamente in azione *adesso*. Cambiate il vostro destino, prima che gli anni crudeli passino e voi vi trasformiate in una pensionata con i capelli azzurri, per sempre prigioniera della sua solitudine!

Aux armes mes filles! Dimostratevi all'altezza! So che probabilmente sembro Lenin che parla alla folla durante la commemorazione del Primo Maggio nella Piazza Rossa, con migliaia di carri armati allineati e bande in marcia. Ma prendo il ruolo di preparatore sentimentale molto seriamente. Sento che è mio dovere infilare un petardo metaforico nella vostra cambusa e risvegliare tutte quelle fra voi che sono scivolate in un pericoloso torpore fatto di autocommiserazione.

Non ha senso rimanere chiuse in casa. Quegli uomini non verranno a sfondare la vostra porta, e, anche se lo facessero, per come state adesso vi troverebbero probabilmente con gli occhi impiastricciati di mascara e il mento di Häagen-Dazs.

Datevi una mossa! Il vostro Mr. Darcy è là fuori, ma non sarà lui a venire da voi, perciò non aspettatelo. Lasciate che cominci a insegnarvi le regole del Gioco degli appuntamenti, mie piccole ponirie.

Siate cattive

La prima lezione da imparare è: siate cattive, spietate.

A volte vi capita di sentirvi trascurate dagli uomini a vantaggio di ragazze più determinate e avide di voi? Oppure, orrore di tutti gli orrori, vi siete dichiarate a un ragazzo che vi piaceva e lui vi ha risposto con il classico: «Sei davvero una ragazza carina, ma non ti vedo in quel modo!»? Fantastico. E come *vi vede*, allora? Come Julie Andrews in *Mary Poppins*?

Dunque *in che cosa avete sbagliato?*

Avrete senz'altro sentito molte donne raccontare di essere attratte dai "ragazzacci" e anche se io non approvo i ragazzacci, voi dovreste appropriarvi di questa perla di saggezza. Siate una cattiva ragazza. Non è di nessuna utilità rimanere sedute con quello sguardo da cagnolino, calandovi nei panni di Mary Poppins e sperando che lui vi noti. Che senso ha rimanere in disparte e inviargli segnali di interessamento finché lui non vi conosce così bene che finisce con il vedervi solo come una sorella?

Dovreste cominciare a emettere vibrazioni seducenti ma discrete, genere "mi piaci", nel *preciso momento* in cui lo incontrate. Dovete dimostrargli quasi subito che vi interessate a lui. L'unico modo per sradicare un'ortica è afferrarla *saldamente*. Avvicinatevi con prudenza e vi pungerete! Tesori miei, non possiamo perdere tempo se vogliamo che accalappiate l'uomo e l'anello di diamanti che meritate.

Siate spietate. Dividete il vostro mondo in due categorie di uomini: quelli con cui uscire e gli amici. Siate molto, molto gentili con i vostri amici. E lasciate che siano gli altri a essere molto, molto gentili con voi.

Non mi credete? Pensate ancora di non poter fare giochetti? Ecco un caso che vi spiegherà la situazione:

> Cara e Lauren
>
> Cara e Lauren avevano quasi trent'anni e nonostante fossero coinquiline, si disprezzavano segretamente. La ragione? Cara giocava con i suoi uomini. Era quella che, di solito, si definisce una cattiva ragazza. E gli uomini facevano a gara per presentarsi davanti alla sua porta! Lauren non faceva che chiedersi: «Perché vanno matti per lei, visto come li tratta? Io sono gentile, corretta e non mi abbasso a quel genere di giochetti».

Inutile dirlo, Lauren è ancora single, mentre Cara ormai si è sposata.

L'errore di Lauren è stato non afferrare la cosa più importante. Invece di essere gelosa di Cara, avrebbe dovuto pendere dalle sue labbra ed estorcerle tutti i particolari su come raggiungere il suo stesso successo. Cara, anche se non era sempre la più simpatica, a conti fatti, era però la più onesta delle due. Se non altro, sapeva quello che voleva, era determinata a ottenerlo e aveva la grinta per raggiungere lo scopo!

La povera Lauren, dal canto suo, era gelosa di quel successo. E cercava di ingannare se stessa dicendosi che non riusciva a trovare un uomo perché era troppo "gentile" e "corretta". Che sciocchezze! Lauren è ancora single perché rimaneva stravaccata sul divano ad aspettare che gli uomini la chiamassero, osservando sdegnosa il comportamento di Cara, quando invece avrebbe potuto unirsi a lei, uscendo dalla porta di casa tutta in tiro.

Per essere brave negli appuntamenti, dovete essere un po' cattive. Non vi sto suggerendo di trasformarvi in Crudelia De Mon e cominciare ad assassinare cuccioli, giusto per fare un po' di allenamento. I giochetti ai quali giocheremo sono pensati per farci trovare un uomo e per tenercelo.

Trasformatevi in una volpe e sbaragliate la concorrenza! Machiavelli, ne *Il Principe*, consiglia di seguire l'esempio della volpe, non quello del leone. Il leone cade in trappola perché, nonostante il suo coraggio, è presuntuoso, non esplora scrupolosamente il territorio, ma si basa troppo sulla sua sola forza senza fare i compiti come si deve. La volpe, al contrario, quando fiuta una buona occasione, prima di agire controlla maledettamente bene il terreno alla ricerca delle possibili trappole.

Ricordatevi, non possiamo più godere del vantaggio di partecipare a un ballo delle debuttanti o di avere una zia zitella che svolge tutto il lavoro al posto nostro. Dovete essere più intraprendenti. Dovete smettere di essere così carine o non accalappierete mai il vostro uomo. A nessuno è mai piaciuta Janet dolce-come-una-caramella nel *Rocky Horror Picture Show.* Perfino suo marito la tradiva con un travestito squinternato.

Siate competitive! Uscite dal vostro angolo. Questo non è il momento di essere una timida violetta. Con molta determinazione, dovete cominciare a chiacchierare e creare contatti. Ricordate che avete appena comprato una deliziosa agenda nera da riempire. Se al bar rimanete incollate al vostro sgabello e tenete inserito il tasto *mute* per tutta la sera, non avrete nulla con cui riempirla, il che sarebbe davvero un peccato sia per lei sia per voi!

Come flirtare e dove

«Una donna è come una bustina di tè; non sai mai quanto è forte fino a quando non la immergi nell'acqua calda.»
ELEANOR ROOSEVELT

So che parlare con gli uomini può spaventare,
ma ricordatevi sempre di queste sagge parole.
Uscite, mie piccole bustine, e tuffatevi nelle acque calde
del mondo degli appuntamenti!
GERRY

Cominciamo a riempire quel libriccino nero. Per incontrare gli uomini giusti dovete frequentare i posti giusti. Dopotutto, se andaste a caccia di cervi, non vi rinchiudereste in un centro commerciale o in un bowling con un fucile in spalla, giusto? È molto importante sapere dove potete avvicinarvi al vostro uomo.

Sono stufo di sentire le ragazze ripetere che non incontrano mai un uomo. Vivete forse in un convento? Il mondo è pieno di uomini.

Ecco un elenco di luoghi dove potete stanare la vostra preda.

La palestra

Nelle metropoli moderne esiste un tipo di uomo che non ha molto tempo per frequentare gli ambienti mondani. È molto sensibile alla propria forma fisica e aggiunge aminoacidi e creatina al suo beverone proteico, oltre a calcolare il proprio indice di massa corporea tutti i mesi. I tipi da palestra possono sembrare ossessivi, perfino noiosi, ma ricordatevi che hanno un aspetto sano, invecchieranno bene e, cosa più importante, hanno una grande resistenza a letto! (Il sesso, dopotutto, è un esercizio cardiovascolare.) Ora, quali puntare? Facile. Quelli che si guardano fra loro sono gay. Quelli che mentre fanno le flessioni si guardano allo specchio facendo la coda come pavoni sono narcisisti. Puntate uno qualunque degli altri.

Studiate il suo orario settimanale (di prima mattina, durante la pausa pranzo, dopo il lavoro ecc.) e cercate di frequentare la palestra negli stessi giorni.

La trappola adesca uomini della palestra è il distributore dell'acqua. Tenetelo d'occhio e fatevi venire improvvisamente sete esattamente nello stesso momento in cui viene a lui. Pensate a qualcosa da dire – «Come va l'allenamento?» – e sorridete.

La mia amica Eve, una sexy infermiera odontoiatrica, conobbe il suo (ora ex) ragazzo chiedendo istruzioni su come esercitarsi su una macchina particolare. Il vostro uomo si sentirà meravigliosamente lusingato per il fatto che avete scelto lui come vostro personal trainer. Gli istruttori di fitness vantano un certo prestigio sessuale nell'ambiente della palestra, visto che le clienti femminili riservano loro un'esagerata quantità di attenzioni, che gli altri uomini presenti di solito invidiano. Io raccomando molto la Lat Machine (che esercita i muscoli dorsali). Per aiutarvi, lui dovrà posizionarsi dietro di voi e potrà dare una golosa sbirciata al vostro décolleté. In alternativa, chiedetegli: «Scusa, potresti passarmi quell'asciugamano?». Quella che voi avete "incidentalmente" dimenticato nella sua zona. Voi piccole sfacciate!

Cocktail bar e wine bar

L'ingresso in un bar è tutto. (Voi siete la fiamma e gli uomini le falene. Okay, non volete attrarre uomini mosca degni di un B-movie, ma avete afferrato l'analogia.)

Se quando entrate in un bar soffrite di mancanza di sicurezza, allora esercitatevi in questa tecnica. Immaginate di partecipare a una cerimonia di premiazione. Tappeto rosso, abito di Donna Karan, sandali da sera. Pensate agli Oscar. Tenete questa immagine in mente e rivivetela mentre entrate a testa alta in un bar. Molti atleti usano questa tecnica quando si stanno preparando a una gara importante. Se siete delle velociste, vi vedrete correre da vincitrici gli ultimi tre metri. Usate la stessa tecnica per immaginarvi entrare in un bar come uno schianto di calamita attira uomini.

Individuate il vostro oggetto del desiderio (prima controllate che non ci sia nessuna traccia di fede al dito, ragazze!) e poi aspettate il momento in cui si avvicina al bancone. Seguitelo. Fermatevi accanto a lui. E poi sorridetegli, porgetegli una banconota da dieci e chiedetegli se, quando ordina per lui, potrebbe prendere qualcosa da bere anche a voi.

Ora, recitare la parte della "sono troppo piccola e debole per farmi largo fino al bar in mezzo a questa folla perché sono una donna" è sicuramente uno stratagemma un po' subdolo. Ma funziona. A lui piacerà. Lo state facendo sentire grande, forte e in gamba, perché sa attirare l'attenzione del barman, mentre voi, povere piccole, non ci riuscite.

E ordinate qualcosa di femminile, ragazze. Chiedere un Kir royal con un sorriso affascinante è perfetto. (Può capitare che il barman non abbia idea di cosa vogliate, perciò spiegateglielo voi – del semplice champagne con una spruzzata di crème de cassis in una flûte – il che vi farà apparire sofisticate e informate. Ordinare una birra non fa lo stesso effetto.)

Questa tecnica vi assicurerà la sua attenzione e per il momento in cui vi passerà il drink, avrete avuto tutto il tempo di scambiare un milione di chiacchiere.

Ma offritevi di pagare, ragazze, o non funzionerà. State chiedendo al grande uomo forte di fare la coda per voi, non gli state chiedendo un regalo. Questo è l'equivalente moderno della tecnica medioevale di lasciare cadere a terra un fazzoletto perché l'uomo lo raccolga. Chiedere che vi offra qualcosa da bere equivarrebbe a lasciare cadere a terra le mutande.

Aree fumatori

Io odio il fumo, ma è uno strumento di conquista molto utile.

Le aree fumatori possono essere le zone migliori per trovare un uomo.

Dedicarsi a un po' di *smirting* (smoking + flirting) è un gran divertimento. Tutti sono rilassati. Sono rinchiusi in una zona definita, alla quale è facile accedere. Potete vedere il loro vero aspetto senza le luci abbellenti dei locali e non dovete urlare per superare il frastuono della musica.

I fumatori sono molto rilassati quando sono nella loro area. Chiacchierano gli uni con gli altri e non ci si deve fare largo a spintoni come all'interno. Potete scegliere la vostra vittima al bar e semplicemente seguirla fuori ogni mezz'ora, senza sembrare una pazza molestatrice.

Non dovete nemmeno fumare per flirtare. Io ho smesso di fumare, ma sono ancora un frequentatore abituale dell'area per fumatori davanti al Mahiki. È il posto migliore del nightclub.

(Detto questo, fumare è disgustoso, perciò cercate di trovare un fumatore intenzionato a smettere.)

Questa tecnica funziona veramente solo in estate. In inverno, con la neve, non è per niente divertente.

✓ Partecipate a un Cuccathon.
Non a un Ciuccathon.
Quando siete a caccia,
dovete mantenere il controllo!

Feste

Una fanciulla molto furba con la quale andavo all'università (ora sistemata e con figli: lei sa di chi parlo) aveva messo a punto una tecnica molto innovativa per attirare l'attenzione alle feste. Individuava la persona più noiosa della serata – qualche sfigato con le guance paffute che spero per lui ora sia diventato un colosso dell'informatica – e attaccava bottone.

Quando vedeva passare l'oggetto del suo desiderio, gli sussurrava con fare cospiratorio all'orecchio: «Salvami, ti prego salvami!».

Tremendamente superficiale, ma funzionava ogni volta.

I bar degli alberghi

Non circoscrivete la vostra ricerca agli uomini locali: provateci anche con quelli che vengono da fuori. Le donne bene informate raccomandano i bar degli alberghi come luoghi eccellenti per incontrarli.

Chiedete a quell'uomo affascinante: «Non sei di Londra/Manchester/Llanfairpwllwygwyngyllgogerychwyr?».

Se vi rispondono: «Sì», voi replicate: «Come mai allora non ti ho mai visto prima?».

Se rispondono: «No», voi commentate: «Lo immaginavo. Altrimenti a quest'ora ci saremmo già incontrati da qualche parte!».

Come in ogni terreno di caccia affollato, non rimanete nello stesso posto tutta la notte, girate un po'. Potete sempre fingere di essere in cerca di un'amica immaginaria che è in ritardo.

I running club

Vi piace il tipo atletico? Iscrivetevi a un running club, ragazze! Questo è anche un modo infallibile per trovare un ragazzo sano. Potete tenere d'occhio la sua resistenza (e i suoi addominali!) mentre svolge il suo allenamento a circuito.

Legate i capelli, applicate un po' di mascara waterproof e affidatevi al look da sana faccia pulita.

Investite in alcuni capi sexy in Lycra nera per completare l'effetto. La Lycra è un tessuto che dona meravigliosamente alle donne. È quasi come indossare un corsetto. Solleva, spiana ed enfatizza le curve. Inoltre frena qualsiasi movimento sussultorio mentre correte in giro.

Cercate su internet: ci sono ex militari che tengono un po' dovunque lezioni sportive all'aperto. Anche se non rimorchierete, riuscirete comunque a flirtare con un soldato e a rassodarvi.

In giro si trovano corsi per principianti assoluti, perciò, anche se tendete al formoso, ci sarà per forza qualcuno più abbondante di voi. Inoltre, mentre siete alla ricerca di un uomo, farete anche esercizio fisico e vi ritroverete ogni secondo che passa più toniche e attraenti.

Certo, se fare ginnastica non vi interessa per niente, o se vi lascia accaldate, sudate e paonazze, allora fate finta.

Una mia buona amica si presenta tutti gli anni alla maratona di Londra in perfetto abbigliamento sportivo e poi si limita a seguire il partecipante più attraente al bar, una volta che la maratona è finita.

Musei e gallerie

Questi sono posti favolosi per rimorchiare. Qui troverete uomini di alta qualità. Uomini d'affari. Uomini raffinati.

Io una volta, in una galleria, ho incontrato un ragazzo americano davvero meraviglioso.

So però che alcune di voi sono in cerca di un uomo con una certa sostanza.

Se le dimensioni del conto corrente bancario di un uomo sono in cima alla vostra lista di preferenze, allora siate prudenti, perché ci sono anche un sacco di studenti al verde lì dentro, che si stanno solo riparando in un posto caldo, e mi spiacerebbe vedervi perdere tempo.

Se volete incontrare uomini con i soldi, frequentate le vendite nelle case d'asta: così sarete sicure che almeno alcuni dei presenti sono lì perché stanno pensando di comprare.

Una parola di avvertimento sugli artisti. Sono persone assolutamente deliziose, ma hanno la tendenza a bighellonare in giro per secoli in attesa di venire scoperti.

Se voi amate le cose materiali, allora il loro stile di vita bohémien potrebbe sul serio farvi impazzire.

Se davvero non sopportate il pensiero di uscire con un uomo che guadagna meno di voi, un modo facile per giudicare il successo di un artista è di chiedere se ha già organizzato una mostra personale. Se un artista non ha tenuto una personale entro i ventisei anni, puntate alla galleria successiva, mie piccole arraffa-quattrini. Quell'uomo non ce la farà mai.

Treni e metropolitane

Viviamo in una società di pendolari e, purtroppo, trascorriamo una notevole porzione della nostra vita a bordo dei mezzi pubblici. Sfruttate la cosa!

Se il vostro è un viaggio quotidiano, procedete con calma. Non correte in stazione un giorno gridando a squarciagola il vostro numero di cellulare da sopra la barriera per il controllo dei biglietti. Le persone tendono a prendere lo stesso treno tutti i giorni e a sedersi nello stesso posto, perciò siate furbe. Cominciate ad arrivare un paio di minuti prima ogni volta, per essere sicure di accaparrarvi il posto proprio accanto a Mr. Meraviglioso.

Emettete impercettibili segnali fin dal primo giorno, mentre pian piano intrecciate una rete per pescare quel bel pesciolino. Un giorno sorridetegli. Quello successivo salutatelo. Ventiquattr'ore dopo esprimete un commento sul tempo. Dopo una settimana, lasciate cadere qualcosa sul pavimento: un libro o il cellulare. Lo raccoglie per voi? Se non altro, flirtare così ravviva i viaggi e rende il vostro passo più leggero.

Sulla metropolitana potete osare qualcosa di più, perché potreste non rivedere mai la stessa persona nella stessa stazione. Infrangete un po' le regole e siate un po' più sfacciate. Sorridete. Attaccate bottone. Chiedete indicazioni. Dite qualsiasi cosa: basta che parliate.

Siate coraggiose. Pensate al film *Breve incontro*. Chi non risica non rosica. Non preoccupatevi, se combinate un disastro e vi prendete un due di picche secco, potete semplicemente puntare la sveglia cinque minuti prima la mattina, sedervi in un vagone diverso o prendere il tram per andare al lavoro e non lo rivedrete più.

In qualunque altro luogo

Sentite, ci sono milioni di possibilità per flirtare. Non preoccupatevi, fatelo e basta!

Una volta io ho rimorchiato un uomo alla fermata del tram. Gli ho sorriso e gli ho detto che assomigliava al mio amico Brian. In realtà, non conosco nessun Brian, ma ha funzionato lo stesso a meraviglia.

In una videoteca, potete commentare la sua scelta: «Che film fantastico! L'ho visto venti volte e lo adoro». In un negozio di dischi ditegli: «Quell'album è un classico. L'estate scorsa sono stata al loro concerto». Okay, non avete la più pallida idea di cosa state dicendo, ma lui nemmeno, perché non lo ha ancora comprato. Bluffate per attaccare discorso. Anche se non dovesse invitarvi a bere un caffè, è comunque tutto esercizio.

Più esche gettate in acqua, più appuntamenti otterrete e più possibilità avrete di pescare un pesce bello grosso.

Come dicevo, affrontate gli appuntamenti come affrontereste un lavoro. Se aveste spedito un CV e non aveste ottenuto il posto, non avreste rinunciato, pensando che non siete portate per il mondo del lavoro, giusto? No, avreste continuato a provare. Perciò continuate a emettere quei segnali da civetta. Presto ne vedrete i risultati.

Ma datevi una mossa.

Come flirtare quando siete fuori con "le ragazze"

«Se volete andare veloci, andate da sole.
Se volete andare lontano, andate in compagnia.»
VECCHIO PROVERBIO

Però assicuratevi di scegliere il branco di iene giuste
per andare a caccia.
GERRY

L'ultimo capitolo parlava di come andare a caccia da sole, come lupacchiotte solitarie. Ma anche uscire con le amiche e andare a caccia in branco è un grande divertimento. Accertatevi però di scegliere la spalla giusta.

La caccia in branco funziona meglio in gruppi di due o tre ragazze. Di più rischiereste di assomigliare a un branco di iene affamate di uomini. Inoltre più si è, più diventa difficile tenere tutto sotto controllo.

Ma chi scegliere come preziosa compagna di caccia? Alcuni libri consigliano di uscire solo con donne meno attraenti, così che voi possiate brillare. Questa soluzione potrebbe tentarvi parecchio, ma io dissento completamente. Se siete in un bar in compagnia di Ugly Betty, gli uomini non si avvicineranno mai a voi. Se vi farete vedere in giro solo con donne molto più grasse di voi, gli uomini non vi osserveranno notando quanto siete magra e favolosa al confronto. Vedranno solo un gruppetto di donne grasse. Inoltre, se per sentirvi meglio vi circondate di persone brutte, gli uomini potrebbero interpretarlo come un segno di insicurezza. Guardate Hollywood e la gente dello spettacolo in giro per la città: si circondano spesso di persone basse e grasse per ottenere tutta l'attenzione.

Personalmente, penso che dovreste uscire con le vostre amiche più belle, divertenti e carismatiche. O quelle con cui vi piace di più trascorrere il tempo. Vi tireranno su l'umore. Beneficerete della loro aura. Uscite con ragazze che vi fanno sentire bene. Dovreste tutte incoraggiarvi e motivarvi reciprocamente. Se vi sentite insicure, magari invitate a farvi da spalla le vostre amiche sposate o impegnate. Vi possono aiutare nella caccia, ma non saranno in competizione con voi.

Non conosco le vostre amiche e sono certo che saranno tutte meravigliose, ma siate spietate quando si tratta di scegliere una spalla che vi faccia sentire bene. Il problema è che talvolta le ragazze, consapevolmente o meno, si pestano i piedi le une con le altre.

Lasciate che vi faccia qualche esempio di pessime spalle:

• *Quella che rivanga il vostro passato*

Vi smonta davanti a un uomo? Tira fuori aneddoti della vostra infanzia, dicendo: «Oh, ricordi quella volta che ti sei ubriacata e hai vomitato...». Qualche volta vi sentite a disagio con lei? Può sfruttare una vostra esperienza passata per raccontare qualcosa di divertente, ma non è affatto divertente se vi trasforma in uno zimbello. Mollatela e preferitele un'amica che vi mette sempre in buona luce.

• *Quella volgare*

Guardatevi da una spalla che indossa un abbigliamento imbarazzantemente inappropriato: la mini è troppo mini, il trucco è da pagliaccio. Voi apparirete volgari per associazione.

• *Quella che ha bisogno di attenzione costante*

Vuole che le facciate sempre da babysitter proprio quando voi avete bisogno di qualche minuto di spazio per tessere la vostra magia sulla vostra preda? Si ubriaca troppo facilmente e voi finite con il doverla tenere d'occhio, prima che cominci a sbaciucchiare il Quasimodo di turno? È antagonistica o si trasforma in una barriera emotiva fra voi e il vostro uomo, interrompendo continuamente la conversazione per parlare di sé? Se siete costrette a sprecare la serata occupandovi delle sue esigenze, non potrete mai concentrarvi sulle vostre.

Mollate queste ragazze. Non rimorchierete mai con delle spalle così.

La spalla ideale è quella che vi aiuta. Voi sceglierete la vostra preda. E lei dovrebbe rispettare la vostra scelta. Il suo compito è di attaccare bottone con lui e poi presentargli quella meraviglia assoluta che siete voi. La vostra preda avrà abbassato la guardia, perché la spalla vi avrà fatte apparire meno fameliche, più affascinanti e rilassate. Mentre vi allontanate flirtando con lui, la spalla perfetta dovrebbe passare a distrarre il suo amico (spesso meno desiderabile), per darvi il tempo di far abboccare la preda.

Ovviamente, quando arriverà il momento, dovrete

restituire il favore. Se in seguito la vostra spalla metterà gli occhi su qualcuno, dovrete offrirle lo stesso tipo di assistenza ed essere disponibili ad attaccare discorso con il brutto amico di turno.

Adesso abbiamo adocchiato la nostra preda. Cosa facciamo per ottenere un appuntamento?

L'arte del linguaggio corporeo

«Parlo due lingue, l'inglese e quella del corpo.»
MAE WEST

Okay, lasciate che vi insegni un paio di frasi chiave di entrambe.
GERRY

Se non potete contare su una spalla che vada ad abbordare il vostro uomo, potete sempre adescarlo con il linguaggio del corpo.

Ogni grande seduttrice ha bisogno di un sofisticato arsenale di atteggiamenti corporei. Con la pratica, riuscirete a passare in esame una stanza alla ricerca di una preda, scoprire se è interessata a voi, attirarla e fare in modo che sappia che siete una piccola amante focosa. E tutto senza dire una sola parola. Ecco come gettare l'esca.

Gli occhi

In un ambiente affollato, fissate lo sguardo su di lui per circa cinque secondi e poi distoglietelo. Poi guardatelo di nuovo, sbattete le ciglia e ditegli con gli occhi: "Ciao bello, sei proprio un figo!". O anche: "Probabilmente sono la cosa più bella che ti è capitata da un sacco di tempo. Vieni a prendermi!".

Sì, potete dire tutto questo con gli occhi e se non mi credete, esercitatevi davanti allo specchio. Visualizzate il vostro uomo ideale davanti a voi e immaginate di inviargli dei messaggi attraverso lo sguardo. Osservate come può farsi scherzoso e malizioso solo con un semplice movimento delle sopracciglia e uno sfarfallio di ciglia!

Non scoraggiatevi se la prima volta lui non coglie il segnale. Gli esperti sostengono che la femmina deve ripetere questo rituale di corteggiamento in media tre volte perché il maschio lo recepisca. (Sì, noi uomini siamo davvero così ottusi.)

Ovviamente, se è da un'ora che lampeggiate con i vostri fanali "vieni a prendermi" da un capo all'altro del bar e lui ancora non vi è venuto vicino, è il momento di rinunciare e passare a qualcun altro.

Il sorriso

Tutto questo sbatacchiare di ciglia avrà il cento per cento di probabilità di successo solo se lo accompagnerete con un sorriso caldo e vivace.

A questo punto è importante dimostrare la differenza fra un sorriso genuino e uno falso:

- Un sorriso genuino fa contrarre i muscoli attorno agli occhi, che si chiamano *orbicularis oculi* (quelli purtroppo responsabili anche della comparsa delle cosiddette zampe di gallina). Questi muscoli stirano gli occhi oltre che la bocca.

- Un sorriso falso o "di plastica" è quello che trovate dietro il bancone di una profumeria o nelle televendite televisive a tarda sera. È un sorriso che coinvolge solo la bocca e che assomiglia a un esagerato ghigno da pagliaccio: farà scappare gli uomini a gambe levate.

Perciò tornate davanti a quello specchio. Esercitatevi nel vostro sorriso finto fino a quando non raggiungerà anche gli occhi.

La bocca

Attirate la sua attenzione sulla vostra bocca. Umettatevi le labbra. (Fate attenzione che sia un gesto sensuale e non pornografico, però. Dovrebbe sembrare un rapido movimento inconscio, non come se ve ne steste in piedi davanti a lui sbavandogli addosso come un cocker.)

Un buon trucco, che fa apparire la cosa più innocente, è di mordicchiarvi il labbro inferiore o di riapplicare il rossetto mentre sapete che vi sta guardando. Sono espedienti perfetti per sporgere le labbra e attirare la sua attenzione sulla vostra bocca. Procuratevi uno specchietto da borsetta carino, che vi piaccia esibire in pubblico, e cominciate a spalmare. Ovviamente, il vantaggio di brandire uno specchio è che potete dare una rapida sbirciatina alle vostre spalle per vedere se qualche uomo affascinante sta tenendo d'occhio *voi*.

Sfiorarsi

Fate scorrere un dito fra i capelli e poi allontanateli di colpo dal collo. Lentamente, fate scorrere il dito dal lobo fino alla gola. In alternativa, accarezzatevi le braccia proprio sotto il gomito. Se siete sedute, appoggiate le mani sulle cosce, muovendole verso l'alto come se steste sollevando una gonna di seta invisibile.

Mentre lo guardate dal lato opposto di un locale affollato, sfilatevi lentamente un capo di abbigliamento, come una giacca o una sciarpa di seta. Questo dovrebbe essere recepito come un gesto seducente, che comunica che per lui sareste disposte a sfilarvi qualcos'altro. (Anche se, ovviamente, non lo farete. Non a questo stadio iniziale!)

Sono tutti movimenti molto allettanti e qualsiasi uomo degno di questo nome immaginerà automaticamente di compierli su di voi di persona.

Siate sottili, però. Scegliete una mossa sola, non statevene lì sedute ad accarezzarvi e a spogliarvi come in uno spettacolino porno. Esercitatevi di fronte allo specchio.

L'occhiata in tralice

Abbassate una spalla, piegate la testa e guardate in su e di lato dalla parte in cui avete esposto il collo. Una piccola occhiata in tralice da sopra la spalla mentre uscite da una stanza fa meraviglie. Marilyn Monroe lo faceva ogni volta. E ricordatevi quel sorriso giocoso!

I piedi

Ho chiesto a centinaia di uomini che cosa li attrae di più in una donna. La risposta più comune è: «Le gambe».

Quindi usatele. Usate i piedi. Puntateli verso di lui. Se siete sedute in un bar, potete accavallare e scavallare le gambe mentre parlate, azzardando un lampo di coscia. Di nuovo, siate discrete. Civette. Non sgualdrine. Non Sharon Stone in *Basic Instinct*.

E mettetevi i tacchi. Non importa quanto siete alte, metteteli e basta. Non entrate mai in un cocktail bar con le scarpe basse, per l'amor del cielo. I tacchi slanciano le gambe, fanno apparire favolose le vostre caviglie e costringono il vostro corpo ad assumere una postura sexy. Non avete idea di quanto siete fortunate a poterli indossare. Ci sono un sacco di uomini bassi, là fuori, che ucciderebbero pur di poter guadagnare dieci centimetri. Se con i tacchi vi fanno male i piedi, bluffate e comprate quegli speciali tasselli in gel. Vi permettono di resistere il doppio. Tutte le modelle e le celebrità che conosco li indossano. Se ne trovano anche con i glitter.

Mirroring

Questa è un'altra tecnica infallibile che funziona a livello inconscio. Quando parlate con un uomo, copiate discretamente i suoi movimenti: riflettete la sua postura, la sua mimica facciale, la posizione delle sue braccia. Quando lui beve, voi sorseggiate dal vostro bicchiere. Questa tecnica di corteggiamento crea un legame invisibile perché vi sintonizza sul suo linguaggio corporeo. Siate discrete, però; esiste un confine sottile fra sintonizzarvi con lui e fargli sospettare che lo state prendendo in giro.

Postura

Fate attenzione alla vostra postura. State belle dritte, con le scapole appiattite e il tronco disteso. In questo modo eviterete di assomigliare al gobbo di Notre-Dame e il vostro seno sembrerà meraviglioso. Se le vostre amiche vi hanno fatto notare che tendete a prendere una brutta postura, non potrei raccomandarvi niente di meglio che una lezione settimanale di Pilates. Informatevi presso le palestre locali o i centri ricreativi. Con un buon istruttore, in poco tempo questi esercizi riposizioneranno le vostre vertebre e correggeranno la vostra postura.

Perfezionare il linguaggio corporeo è un esercizio infinito. Imparate a godervi la sensazione di essere al centro dell'attenzione usando tutti questi trucchetti fantastici, anche quando avete già una relazione. Il vostro partner vi desidererà di più perché si accorgerà che anche gli altri uomini vi desiderano. Migliorate la vostra tecnica osservando le interazioni fra le persone che vi circondano. Analizzate attentamente come flirtano le donne irresistibili, come rispondono gli uomini e l'incantevole "danza" di accoppiamento che segue. Abbassate l'audio della televisione e cercate di indovinare cosa sta succedendo nella scena che state guardando. Osservate i gesti e le espressioni degli attori, specialmente durante le scene di corteggiamento e di sesso.

«Okay, Mr. Scorsese, sono pronto per il primo piano!»

Lui è interessato?

Benissimo, allora sta funzionando tutto? Se l'oggetto del vostro interesse è ricettivo ai vostri segnali:

- Stabilirà un contatto visivo e scandaglierà la sala alla ricerca del vostro sguardo.
- Come un uccello maschio che mette in mostra le sue penne colorate alla vista di una femmina, reagirà allargando il petto, aggiustandosi la cravatta, sistemandosi i vestiti e spazzolandosi la giacca.
- Imiterà i vostri movimenti, mettendo in atto la tecnica del *mirroring* esattamente come voi.
- Potrebbe dimostrare il suo interesse esibendo gli organi sessuali. Non andate in panico. Non intendo dire che si spoglierà nudo, voglio dire che senza rendersene conto, comincerà a cercare di attirare la vostra attenzione verso il suo cavallo. Potrebbe dirigere i suoi attributi verso di voi. Se è in piedi, potrebbe spingere in avanti i fianchi e infilare i pollici nella cintura, puntando le mani verso l'inguine. Se è seduto, potrebbe semplicemente allargare un po' le gambe. Sì, è tutto piuttosto primitivo, ma ricordate che siamo per il 97 per cento delle scimmie. Se fa queste cose, è solo il suo subconscio che cerca di farlo sembrare potente e virile e che vuole farvi capire che gli piacete. Dimenticatevi di quel piccolo pezzo di carne e prendetelo come un complimento.

Se notate uno qualunque di questi segnali, allora, mie abili amiche, avete catturato la vostra preda!

Usate con abilità il linguaggio corporeo e riuscirete ad accalappiare qualsiasi uomo. Negli anni Cinquanta, i ricercatori di psicologia comportamentale hanno scoperto che ben il 55 per cento della comunicazione fra gli esseri umani è non verbale. Le parole vere e proprie hanno un impatto pari solamente al 7 per cento (l'ho scoperto in biblioteca, grazie a un libro scritto dalla coppia Pease e Pease, *Perché mentiamo con gli occhi e ci vergogniamo con i piedi?*). Perciò lasciate che sia il vostro corpo a flirtare e sarete già più che a metà strada.

Però non rivelate *mai* a lui i vostri piccoli trucchi. Non spiegategli perché gli uomini vi cadono ai piedi e perché lo fate impazzire di desiderio ancora prima di aver scambiato una parola con voi. Gli uomini sono degli sciocchi che hanno bisogno di illudersi di essere loro i predatori che hanno dato il via al contatto. Ma noi sappiamo che da sempre, in realtà, non sono altro che le prede.

✓ Contatto visivo + sorriso solare = attenzione assicurata

Ci sono solo due altri grandi terreni di caccia che vorrei esaminare con voi: l'ambiente di lavoro e internet. Anche qui potete flirtare alla grande e catturare un uomo, ma dovete essere un po' più prudenti. Ecco alcuni consigli.

Flirtare in ufficio

Moltissime relazioni cominciano sul luogo di lavoro, ma fate attenzione, mie care. Gli amori da ufficio sono *davvero* complicati.

La prima cosa su cui riflettere è se la vostra cotta vale davvero la pena. Se siete troppo impegnate con il lavoro, forse vi capita di avere occasione di conoscere solo persone con cui lavorate. E prendervi delle sbandate totalmente irrealistiche.

Lasciate che vi faccia un esempio. Me stesso.

Gerry, 31 anni
Quando partecipavo al *Grande Fratello*, ero rinchiuso in una casa e vedevo le stesse persone ogni santo giorno. Così ho finito con l'innamorarmi di un cameraman. Non sapevo molto di lui. L'unica cosa che potevo davvero vedere era la sua sagoma attraverso un vetro a specchio vicino al bagno, e uno scorcio occasionale quando non sistemava correttamente le tende oscuranti, ma avevo così pochi altri stimoli là dentro, che ho deciso che ero innamorato di lui. O della sua sagoma indistinta.

Non ho mai concluso niente con lui. Non conoscevo neppure il suo nome. Non sapevo se era eterosessuale o gay. Ma ho trascorso un sacco di tempo a flirtare con una sagoma. (A essere onesto, ero tanto annoiato che avrei potuto innamorarmi anche di una scatola da scarpe, se me l'avessero messa in casa.)

E lo stesso può accadere in un ufficio. Se non uscite

abbastanza spesso a caccia di nuovi uomini, rischiate di cominciare a infatuarvi di persone, in ufficio, che nel mondo esterno non avreste mai preso in considerazione. Come il fattorino squattrinato.

Ora, ragazze, state attente. Il fattorino va bene a Natale (o durante il party di Natale!), non per tutta la vita.

Detto ciò, l'ufficio è una piazza vastissima, quindi perché non divertirsi a sfruttarlo? Potete esercitare le vostre tecniche di flirtaggio ogni giorno e vedere cosa funziona. Mettete in pratica tutte quelle che trovate in questo libro mentre affrontate la vita lavorativa quotidiana. Sfruttate le situazioni da ufficio a vostro vantaggio. Mettete un po' di brio nelle riunioni più noiose giocando con il linguaggio del corpo mentre siete sedute davanti alla vostra preda. Una caviglia che si muove con malizia può dare una sferzata di energia agli incontri di strategia contabile. Sorridete all'affascinante guardia di sicurezza. Fate *mirroring* durante i colloqui con il vostro boss.

Ma se vi innamorate davvero di qualcuno nel vostro ufficio, dovrete affrontare ogni genere di difficoltà. Per cominciare, la vostra vittima designata vi vede tutti i giorni, perciò dovrete fare tutti i giorni uno sforzo consapevole per apparire favolose. Sì, mi spiace, ma per conquistare il vostro uomo, dovrete sempre uscire di casa truccate e con i tacchi alti! Non lo accalappierete mai se vi presentate con un vecchio maglione informe e i capelli tristi.

Un'altra difficoltà è la segretezza. Il consiglio più grande che posso darvi è di non confidarvi *mai e poi mai* con le vostre colleghe. Non rivelate che vi interessa qualcuno. Né che uscite con qualcuno. Riservate tutti i pettegolezzi per le vostre amiche fuori dal posto di lavoro.

Esaminiamo un caso concreto. La mia amica Rachel. Rachel (venticinque anni) è una delle donne più belle che io conosca, una stupefacente ragazza a sangue misto, con occhi enormi da fumetto giapponese, un corpo perfetto e un gran senso dello stile. Oltre a un cervello funzionante! Lavora in uno splendido studio che si occupa di contabilità aziendale per le più grandi società ed è una farfalla sociale, che beve Cosmopolitan, mangia *finger food* e frequenta tutte le feste e i locali giusti.

Dovrebbe avere una fantastica vita amorosa, non trasformarsi in un caso di studio sugli esempi da non imitare. Perciò, in che cosa ha sbagliato Rachel?

Be', è uscita con il suo datore di lavoro, Thomas. Fate attenzione al suo caso. È lungo. Ma, d'altra parte, lei ha commesso un sacco di errori.

Rachel e Thomas

Thomas era una stella nascente nel mondo degli affari, con un atteggiamento molto competitivo. Sulla quarantina, di bell'aspetto, con una bella casa, guidava una Porsche, aveva amici potenti, fumava sigari Cohiba e si vestiva con abiti firmati italiani. Quando una donna lo guardava, l'unico pensiero che riusciva a formulare era: «Quale scuola privata sarebbe più adatta per i nostri perfetti gemelli?».

Un martedì sera, Rachel stava facendo degli straordinari a causa di un'acquisizione ed era rimasta bloccata in ufficio con Thomas, senza aver cenato. Verso le undici, a lavoro ultimato, stava sistemando la borsa per prepararsi a tornare a casa, quando Thomas le ha chiesto casualmente se le andava di fare uno "spuntino notturno". Visto che l'alternativa era un panino con il formaggio e la televisione, lei ha risposto con disinvoltura: «Certo, perché no?». Così sono saliti sulla macchina di Thomas e hanno raggiunto un bel ristorante, hanno cenato, si sono fatti un sacco di complimenti reciproci, hanno giocato a "palpeggiamoci sotto il tavolo" e hanno finito con lo sbaciucchiarsi fino alle tre della mattina.

Il mercoledì, si sono presentati alla riunione per l'acquisizione. Dopo, si sono sbaciucchiati ancora un po'. Giovedì si sono inviati messaggini tutto il giorno e si sono appartati nell'ufficio di Thomas. Il venerdì hanno partecipato a un party in ufficio, si sono ubriacati e Thomas le ha accarezzato la gamba davanti a tutti. Più tardi, quella notte, sono andati finalmente a letto insieme.

Quando Rachel si è svegliata il sabato mattina successivo a casa di Thomas, tutto sembrava perfetto. Lui le ha offerto degli asciugamani di cotone indiano e le ha preparato una colazione a base di uova strapazzate, succo di frutta fresca e caffè. Hanno ascoltato un po' di musica, hanno riso e si sono goduti qualche ora di fantastico sesso pomeridiano.

Verso sera, lei ha deciso di tornare a casa e di rinfrescarsi un po' prima di vedersi con le sue amiche, mentre Thomas andava a giocare la sua solita partita di tennis. E si sono messi d'accordo per vedersi a pranzo la domenica e bere qualcosa. Prima che lei si vestisse, però, Thomas le ha tenuto un breve discorsetto sul "lavorare insieme e dormire insieme", nel quale le ha spiegato che non sarebbe stato saggio farlo sapere alla gente, perché sarebbe sembrato inopportuno e poco professionale, e che avrebbero dovuto trovare il modo e il momento giusto per far trapelare la notizia. Rachel ha accettato poco convinta.

Ma non ha mantenuto la parola. Con grande sgomento di Thomas, ha chiamato suo fratello per chiedergli di andarla a prendere. Ha chiamato anche le sue colleghe e i suoi genitori per raccontare loro tutto. E per peggiorare ancora le cose, ha inviato una serie di messaggi che descrivevano le performance di Thomas e la sua cotta per lui. Durante l'appuntamento successivo, quando ha sbirciato nel suo telefonino (da tipico esemplare di maschio sospettoso), lui ha scoperto tutto.

Il pomeriggio seguente, Thomas ha invitato Rachel nel suo ufficio. Le ha spiegato che anche se lei gli piaceva davvero e pensava che fosse in gamba, credeva nelle decisioni condivise e nella comunicazione. Ha aggiunto che tutta la storia era stata un errore e che non avrebbero dovuto rivedersi più.

Oh, Rachel! Il capo! Una Porsche! Salviette di cotone egiziano! Uova strapazzate (magari anche biologiche)! Come hai potuto sciupare tutto?

Okay, il caso era lungo, ma per la nostra eroina è andato storto tutto quello che poteva andare storto. Sulla carta, la ragazza era perfetta, ma in realtà le mancava la sicurezza. Là fuori, ci sono donne con un lavoro meno di successo, non altrettanto belle e di talento, ma che hanno fiducia in se stesse e per questo ce la fanno. Rachel, invece, era così entusiasta della sua conquista, e così sorpresa di tanta fortuna, che ha finito con lo sbagliare tutto.

Ovviamente la poverina era infatuata di quest'uomo, ma avrebbe dovuto essere più furba. Avrebbe dovuto minimizzare la cosa. Avrebbe dovuto ignorarlo un po' e non "pubblicizzare il suo successo" sbandierandolo a mezzo mondo. Era con lui da cinque minuti, eppure aveva già cominciato a messaggiare, telefonare e vantarsi. Addirittura mentre Thomas era ancora nella stessa stanza, per l'amor del cielo.

Rachel avrebbe dovuto essere abbastanza intelligente da spettegolare in segreto. Avrebbe dovuto cancellare tutti i messaggi dal suo telefonino, nel caso lui avesse deciso di dargli un'occhiata. (Gli uomini lo fanno, ragazze, perciò tenetelo a mente quando cantate le loro lodi per iscritto.)

Rachel ha perso il suo uomo perché lo ha fatto sentire una preda. I buoni partiti hanno bisogno di essere tirati giù dai loro cavalli e di sentirsi meno importanti e necessari, o non riuscirete mai ad accalappiarli davvero.

Se io fossi stato Rachel, avrei fatto ricorso a un po' di psicologia inversa. Gli avrei detto che ero *io* a voler tener segreto *lui*. Gli avrei detto che non volevo passare per la sgualdrina dell'ufficio che andava a letto di nascosto con il capo. Questo lo avrebbe fatto sentire meno importante e gli avrebbe dato la sensazione di essere lui il fortunato a essersi imbattuto in una ragazza da non lasciarsi scappare.

Thomas le ha chiesto di continuare a lavorare comunque nello studio, perché era una dipendente preziosa, ma Rachel, alla fine, se ne è andata perché la situazione era diventata troppo imbarazzante.

Ha perso il suo lavoro, ha perso Mr. Porsche e la faccia con i colleghi d'ufficio: ma la sua storia serva da lezione a voi. Tenete segrete le vostre avventure sentimentali da ufficio!

Flirtare su internet

Alcuni pensano che gli incontri su internet siano tristi. Vengono considerati squallidi. Che sciocchezza!

Gli incontri su internet stanno conquistando il mercato.

Le rubriche di annunci per cuori solitari sui giornali sono così antiquate ormai. Chi le legge più? Chi ha tempo di spedire lettere? È su internet, invece, che sta accadendo tutto. È veloce, si possono caricare foto e funziona. Vi offre anche una rete immediata di uomini con i quali esercitarsi nell'arte del flirt, inclusi migliaia che possono non vivere nella vostra città e con i quali, altrimenti, non avreste mai avuto occasione di parlare.

Io ho avuto delle relazioni con persone che ho incontrato attraverso internet. E conosco anche altra gente che lo ha fatto. Viviamo nel ventunesimo secolo. Dovreste provarlo! Altrimenti, vi lascerete sfuggire una piazza davvero, davvero enorme.

E pensate ai vantaggi. Se lavorate alla scrivania con

un computer, e il vostro capo non vi toglie l'aria più di tanto, potete sfruttare l'orario lavorativo per cercare un partner! Io ho trovato diversi siti meravigliosi nella rete, mentre il mio povero capo da Sotheby's pensava che ci stessi dando dentro con il lavoro. Che cosa deliziosamente pratica. Potete trascorrere piacevoli giornate cercando l'amore, e venire pagate per farlo! Ora, ditemi voi: cosa c'è di triste in questo?

Su internet ci sono siti dedicati proprio agli incontri, dove potete mettere un annuncio per cercare un potenziale partner (troverete più informazioni fra poco), ma prima, perché non provare a flirtare un po' su siti come MySpace e Facebook?

Questi siti vengono definiti "social network", ma in fondo sono degli enormi database di persone con le quali potete flirtare. Potete vedere le pagine degli altri utenti e scoprire se sono single. Vedere che faccia hanno i loro amici. È fantastico. E se aprite una pagina vostra, tanti potenziali nuovi uomini potranno rintracciarvi facilmente.

Ecco un caso che lo dimostra. E parliamo di nuovo di me.

> Gerry, 31 anni
> Ho trovato un compagno attraverso Facebook. Lo avevo incontrato durante una conferenza e gli avevo raccontato di essere specializzato in idoli cicladici (statuette dell'Egeo, risalenti all'età del Bronzo). Lui si è messo in contatto con me tramite Facebook, dichiarando di essere interessato a un certo libro raro sulle statuette.

Ovviamente, qualche tempo dopo, quando ormai la nostra relazione era avviata, ha ammesso di aver sempre avuto quel libro, anzi, che lo teneva proprio accanto al computer. Ma ciò che è interessante, qui, è che è stato facile per lui rintracciarmi tramite il sito di Facebook e che abbiamo potuto iniziare a chiacchierare, sfruttando entrambi la scusa che si trattava solo di social networking. Ovviamente non lo era, come ho detto, questi siti non servono altro che a flirtare! E si possono trovare persone di ogni tipo.

www.myspace.com è il papà di tutti loro e quasi tutte le persone che conosco ci sono, ma è molto divertente farsi rimorchiare anche sul popolarissimo *www.facebook.com.* Lo definiscono "uno strumento sociale che vi mette in contatto con le persone attorno a voi", ma, diciamolo, tutto quel curiosare elettronico in realtà non è che un gran flirtare.

www.ning.com è l'ultima gigantesca novità, dove, così sostengono i fondatori, potete "creare, personalizzare e condividere gratuitamente il vostro network sociale". Ma di nuovo, tutta questa faccenda di personalizzare le reti sociali è una grande copertura che permette ai single di rintracciarsi reciprocamente e di flirtare in giro per il cyberspazio.

Siti internet dedicati agli incontri personali

Oltre a questi siti in cui voi potete intrufolarvi per flirtare, esistono siti specifici dedicati agli incontri personali. Richiedono tutti che impostiate un profilo e, gratuitamente o dietro pagamento di una piccola quota mensile, vi offrono l'accesso ai profili dei vostri potenziali partner.

Ecco alcuni esempi:

- *www.meetic.it*
- *www.be2.it*
- *www.lovelive.it*
- *www.speeddate.it*

Internet si occupa anche di gruppi etnici e religiosi. Ecco alcuni dei siti più importanti a cui si sono affidati alcuni dei miei amici. Non si tratta che di pochi esempi, ma in realtà ce ne sono migliaia là fuori.

– *www.jdate.com* e *www.jewishfriendfinder.com* per appuntamenti con ebrei.
– *www.muslima.com* è un grande sito di incontri personali con musulmani.
– La cultura indiana, pur con i suoi matrimoni combinati, trova un aiuto in *www.indiandating.com*.
– *www.deafsinglesconnection.com* per coloro che hanno problemi di udito.

Forum

Potete anche intrufolarvi in qualche forum. Cominciate a chiacchierare con persone interessate alle stesse cose che interessano a voi. A volte organizzano eventi o raduni, e chi può saperlo, la cosa potrebbe portarvi a trovare una storia d'amore.

it.groups.yahoo.com e *groups.google.it* sono gruppi di

discussione su argomenti che spaziano dal cinema alla filosofia orientale, dal design ai viaggi, all'ambiente e perfino a come far crescere una pianta di avocado! Condividere interessi e hobby potrebbe portarvi a incontrare l'uomo dei vostri sogni. Che cosa avete da perdere?

Quali che siano i vostri peccatucci, cercate in internet: sono certo che troverete un sito che fa per voi.

Il vostro profilo internet

Se siete intenzionate a imboccare la strada di internet e a inserire un annuncio su un sito per incontri personali, allora curate attentamente il vostro profilo: è la vostra finestra pubblicitaria. Una foto recente è essenziale: sorridete prego! Va benissimo bluffare un po'. Sentitevi libere di usare Photoshop e abbellirla: cancellate i brufoli, un naso lucido, una macchia di birra e nascondete lo sfondo. Siete comunque ancora voi! Lo fanno tutti. Anche Liz Hurley aerografa i suoi scatti in bikini. Non esagerate, però. Incollare la vostra immagine sul corpo di qualcun altro è una pessima mossa!

Non scegliete mai una foto in cui siete con un gruppo di amiche in vacanza. Non vorrete dover dare spiegazioni – «Sono la quarta da sinistra con il cappello di paglia vicino al somaro» – e rischiare che i possibili corteggiatori pensino: "Maledizione, avrei preferito che fosse la seconda bambola sulla destra con il bikini rosso!".

Scegliete una foto in cui apparite felici, abbronzate e favolose. Ogni volta che vi scattano una bella foto nuova, sbattetela lì! Un numero incalcolabile di uomini scorre quotidianamente i siti di annunci personali. I loro occhi si assuefanno alle stesse foto. Un vostro nuovo meraviglioso scatto attirerà ancora la loro attenzione.

Oltre che quella della foto, bisogna azzeccare anche la scelta del nome del vostro profilo. Tutto quello che assomiglia a MissFestaiola suona volgare. Meglio scegliere qualcosa che metta sotto una luce positiva il vostro aspetto e il vostro carattere. Per esempio: FunnyGirl23 o Brunettadeisogni36.

La vostra descrizione deve essere concisa, positiva e onesta. Ma attenzione, ho detto onesta, non modesta. Avete visto quanta competizione c'è? Proprio come per i CV lavorativi, tutti mentono un po' su internet. Tutti alteriamo un po' i fatti. Quelli che affermano di non aver apportato tocchi creativi al loro CV o sono dei bugiardi o sono ancora disoccupati. Perciò fate lo stesso per il vostro CV nel cyberspazio.

Va benissimo scegliere la vostra foto migliore. Va benissimo limare qualche anno dalla vostra età, qualche centimetro dal vostro giro coscia e magari esagerare sullo strepitoso successo che avete raggiunto. Ma ricordatevi che prima o poi qualcuno vi incontrerà dal vivo, perciò non strafate. Con una foto vecchia di cinque anni, potreste anche cavarvela. Ma non con una che è superata di quaranta chili!

E ricordate che la cosa vale anche nell'altro senso. Il suo reddito potrebbe non essere così elevato come dichiara. Lui potrebbe non essere così alto, così giovane, così magro o di successo come dice. Sì, mi spiace, ma dovrete prepararvi ad affrontare qualche delusione, perché anche Mr. Meraviglioso potrebbe raccontare qualche bugia.

Di nuovo, il mio consiglio è di avvicinarvi al mondo degli incontri su internet come fareste con un lavoro. Elencate i vostri punti di forza e inserite qualche parola chiave proprio come fareste in un CV. Aggiornate le informazioni ogni volta che l'ispirazione ve lo suggerisce. Chiedete agli amici di consigliarvi e di aiutarvi a individuare le vostre qualità migliori. Questa è la vostra pubblicità on line. State vendendo voi stesse. Rendete lo spot invitante.

Ecco alcuni errori comuni che voglio che evitiate:

- *Passatempi preferiti: andare per night e ballare la lap dance.* State scherzando? Così non penserà mai: "Ecco una ragazza con cui mettere su famiglia".
- *Cibo preferito: pizza e patatine.* Non va bene! Cercate di essere più sofisticate. Magari accennate a un piatto fantastico che sapete cucinare.
- *Film preferito:* Dirty Dancing. Troppo banale, troppo sentimentale! Tarantino invece va benissimo e fra gli uomini è un vero cult. Scrivete *Kill Bill 1* e lui vi immaginerà come un'eccitante ragazza d'azione!
- *Non fornire una foto.* Nessuno vi risponderà. Avanti, non siete così orribili. Infilateci dentro uno scatto.
- *Non specificare cosa state cercando.* Siete davvero disposte ad accettare qualsiasi cosa capiti? Siete davvero così disperate?
- *Descrivere voi stesse come "spumeggianti".* Terribile, abusato, e molti uomini mi hanno confidato che fa pensare tanto a una ragazza grassoccia che alle feste si scola un bicchiere dietro l'altro. (Traduzione: bat-

tona.) Ci sono così tanti modi migliori per vendere la vostra brillante personalità.

- *Mi piace raggomitolarmi sul divano con un buon bicchiere di vino e un bel film.* Terribile. So che vi piace, ma altrettanto vale per almeno l'80 per cento dei profili che ho visto. Non ho intenzione di dirvi cosa scrivere, perché finireste tutte con l'avere un profilo identico, ma tanto per fare un esempio, perché non qualcosa tipo: *Mi sento tanto a mio agio a un cocktail party in vestito da sera e tacchi alti, quanto in jeans e T-shirt accoccolata sul divano* (il che implica che siate divertenti alle feste e fantastiche anche in un ambiente più domestico). Notate il riferimento al "vestito da sera": vi immagineranno come un'elegante sirena.
- *Errori di ortografia.* Quando avete completato il vostro profilo, controllate l'ortografia e mostratelo a un'amica, che dovrebbe anche indicarvi qualsiasi elemento della vostra descrizione che potrebbe risultare scoraggiante o i punti ridicoli che invece a voi erano sembrati divertentissimi. Mostratelo anche a un uomo, chiedetegli cosa ne pensa e se trova qualcosa che potrebbe scoraggiarlo.

Come flirtare su internet

Okay, il vostro annuncio è pronto. Adesso impariamo a individuare la preda che è là fuori, nel cyberspazio.

La maggior parte dei siti offre l'opzione di ricerca rapida, che, grazie ai loro profili, vi permette di scorrere l'equivalente moderno di una danza tribale di uomini!

Potete applicare diversi criteri di ricerca: interessi comuni, età, zona geografica, altezza, perfino condizioni economiche.

Troverete centinaia di corrispondenze, perciò seguite il vostro istinto e riducete i risultati a non più di venti, trenta persone. Quindi gettate l'amo a questi pochi fortunati eletti.

Anche nel cyberspazio vale la regola dello "strapazzali". Molto meglio che siano gli uomini a venire da voi. Ma visto che non potete usare il vostro arsenale di segnali corporei, inviate degli "emoticon". Avete presente, quei segni tipo :) oppure : (?

Non dovete fare altro che inviare un semplice messaggio e-mail con solo una faccina sorridente e qualcosa tipo "Ciao", "Carino", o "Bel profilo". Niente di più. Quelli ai quali piace la vostra fotografia risponderanno in fretta.

Una donna come voi, riceverà montagne di messaggi di risposta. Leggeteli tutti, ma per non perdere tempo siate estremamente schizzinose. Rispondete solo a cinque o sei, e poi operate un'ulteriore scrematura delle loro risposte.

Quanto alla vostra, di risposta, dovrebbe essere una e-mail generica (mettetela a punto nel frattempo) che copierete e incollerete sul messaggio indirizzato a ogni uomo, insieme a qualche frase specifica di commento a qualcosa che avete letto sul suo profilo. «Non posso credere che anche a te piaccia questo film!» Mantenete una corrispondenza con al massimo cinque o sei uomini e controllate il computer tutte le sere per vedere chi vi ha risposto. (Ovviamente, se siete tanto fortunate da avere un computer in ufficio e un capo che non vi tiene d'occhio in continuazione, collegatevi pure durante il giorno per flirtare un po' durante una rapida pausa lavorativa!)

Un buon trucco per destreggiarsi con più di un amore telematico alla volta è di aprire alcuni documenti di Word, intitolare ciascuno con lo Username di ogni uomo che vi interessa e da quel momento in poi copiare e incollare i loro messaggi e le vostre risposte. In questo modo potrete tenere tutto sotto controllo. Inoltre, va benissimo inviare la stessa risposta a più di una persona, così potrete paragonare e confrontare come vi rispondono loro. Quando siete voi a scrivere, inserite sempre una domanda, così sentiranno la necessità di rispondere e potrete dare il via a una conversazione vera e propria.

Queste tecniche funzionano. Pensate a quel mio astuto ex che voleva un consiglio sul libro d'arte. Ero così certo del suo amore per i libri sulle statuette che mi sono offerto di fargli fare un tour privato della galleria. (Che è culminato in un appuntamento per un drink e in una relazione.) Dopo qualche settimana di civettamenti via e-mail, passate a una conversazione telefonica, seguita dal primo, breve appuntamento preliminare per un caffè. (Vi spiegherò come affrontare questo piccolo evento a pag. 127.)

Ora, una parola di avvertimento. Internet è un posto fantastico dove esercitarsi nell'arte di flirtare, ma, anche qui, dovete seguire le regole. Non rivelate tutto on line al vostro uomo, ancor prima di averlo incontrato, chiacchierando della vostra infanzia, del vostro lavoro, delle vostre speranze e delle vostre paure. Ho visto ragazze tenere queste lunghe, meravigliose chiacchierate su internet, credendo di aver trovato la loro anima gemella, e poi domandarsi perché è sparita di colpo. Ne ho viste altre arrivare al fatidico primo appuntamento, poi rivelatosi un vero disastro. Naturale che vada male. Il momento in cui lui vi incontra è in effetti un anticlimax, perché sa già tutto di voi. Finirete solo con il ripetergli quello che ha già letto nelle vostre e-mail.

Un altro avvertimento.

Attenzione agli sporcaccioni.

Non sorprende che, grazie alla sua anonimità, il cyberspazio sia zeppo di pervertiti e vecchi. («Infermiera, è sceso ancora dal letto per navigare nel web.») Quindi, ragazze, adottate misure di sicurezza basilari. *Non date mai il vostro indirizzo di casa, il vostro numero di telefono o quello del lavoro. Non dite mai dove lavorate esattamente.* Internet è pieno di molestatori. E di bugiardi. Fino a quando non avrete appurato che il vostro uomo è sincero, dategli soltanto il numero di cellulare. Se gli scrivete via e-mail, accertatevi che il vostro indirizzo non riveli il nome della vostra società. Meglio ancora, create un indirizzo da usare solo per i flirt su internet.

Quando vi incontrate, vedetevi in un luogo pubblico e, di nuovo, *non fornitegli il vostro indirizzo di casa o altri dettagli personali.* E non andate a letto con nessuno prima che siano trascorsi tre mesi da quando vi siete conosciuti. (Sì, lo so che è una regola che può traumatizzare: troverete più dettagli a pag. 137.) Questa attesa, però, scoraggerà tutte le persone che bazzicano il web in cerca di sesso.

Il bello di internet è che, una volta che avete una relazione con qualcuno, potete approfittare della rete per tenerlo ancora sulla corda.

Congelare un account è piuttosto facile nella maggior parte dei siti. Non fatelo. Il vostro uomo la interpreterà come una debolezza: state dicendo che volete stare solo con lui e si metterà comodo. Mantenete attivo il vostro profilo internet (vi siete impegnate così tanto per crearlo, che sarebbe un peccato non farlo). Controllatelo di quando in quando. Lui potrà verificare che continuate a collegarvi (i profili on line hanno una funzione "ultima visualizzazione"), e rimarrà vigile, continuando a comportarsi bene.

Chiudete il vostro account solo se la relazione diventa genuinamente seria oppure se è lui a chiedervi di avervi tutte per sé (il che non è una cosa facile da chiedere per un uomo, quindi vuol dire che gli piacete davvero). Così è corretto.

Oh, ma guardate un po'. Sono già saltato a parlare di impegno e di esclusività! Prima sarà meglio che vi spieghi come trasformare tutti questi piccoli, deliziosi messaggi e incontri telematici in un vero appuntamento.

Sarò onesto con voi. Se gli piacete, il vostro uomo vi chiederà un appuntamento. Se non ve lo chiede, è molto probabile che non sia interessato. Mi spiace.

Ci sono un paio di cose che potete fare per dargli una

piccola spinta, ma se nessuna delle due funziona, rinunciate e passate oltre finché la vostra dignità è ancora intatta.

1. Invitatelo a uscire di persona

Se avete gettato l'amo, flirtato con gli occhi e con il corpo e sentite che c'è una certa alchimia fra voi, ma lui non vi ha ancora chiesto il numero di telefono, forse è il caso di diventare più intraprendenti. C'è un libro americano, che si intitola *Le regole*, che sostiene che non si dovrebbe mai fare il primo passo con l'uomo che ci interessa. Ma forse questo vale solo per gli uomini americani. Gli altri potrebbero avere bisogno di una spintarella.

Non è una cosa che raccomando davvero di fare, perché va contro le regole sulla caccia ai mammut. Potrebbe esserci una ragione per cui non vi ha ancora chiesto di uscire. Per esempio, potrebbe non essere single. Non c'è niente di male, però, nel volersene accertare. Perciò vi autorizzo a fare il primo passo per fissare un appuntamento. Solo un passo molto piccolo però, attenzione. Un microscopico passettino da geisha. Dite: «Di solito non lo faccio, ma questo è il mio numero se dovessi avere bisogno di sapere qualcosa su [inserite una scusa qualsiasi, come l'arte delle Cicladi]». O lasciatevi scappare che siete anche su Facebook.

Questa è una mossa discreta. Ricordatevi che siete il mammut. Non un'adescatrice. Lui dovrà pensare che è una sua idea. Ma di quando in quando non fa male fare la prima mossa. Coraggio. Chiedeteglielo. Portatevi sempre dietro i biglietti da visita con il vostro numero.

Se vedete uno sconosciuto sul treno o in piedi davanti al binario, potete anche essere più esplicite. Provate a dire: «Di solito sono gli altri a corteggiarmi, ma ti trovo davvero speciale. Questi sono il mio numero di telefono e la mia e-mail». È uno sconosciuto, potreste non rivederlo mai più: che cosa avete da perdere? Io stesso avrei dovuto farlo la settimana scorsa con un uomo strepitoso che ho incrociato per strada. Da quel momento non faccio che pensare a lui e desiderare di essere stato un po' più audace.

Provate queste tecniche estreme, aspettate e controllate la vostra casella, sperando che lui abbia abboccato all'amo. Se gli piacete, vi chiamerà. Altrimenti, andate avanti senza guardarvi indietro. Gli avete fatto penzolare davanti l'esca, gli avete dato l'imbeccata. Se ha ancora troppa paura di chiamarvi, dimenticatelo. Evidentemente non ha gli attributi. Perché dovreste voler stare con un uomo senza attributi? Dovreste puntare sempre all'uomo migliore.

2. Invitatelo fuori per telefono o attraverso internet

Cosa fare se vi siete scambiati i numeri, fra voi c'era di sicuro una certa alchimia, ma lui non chiama?

Aspettate tre giorni. Nel frattempo si spera che lui abbia telefonato/scritto un sms, altrimenti potreste fare un piccolo passo da geisha nella sua direzione. Potrebbe bastare una telefonata/sms/messaggio di prova su Facebook. Preparatevi con cura cosa dire, evitate ogni ambiguità e lasciategli più strade aperte per fare marcia indietro. Per esempio: «Ciao, sono Esmeralda, mi è piaciuto molto il nostro incontro di sabato. Potremmo incontrarci di nuovo per continuare la chiacchierata». Leggero, diretto senza essere soffocante, ma impossibile da ignorare. Non usate abbreviazioni: sembrereste una sciocca adolescente. Scrivete le parole per intero.

E fatelo una sola volta. Se non arriva nessuna risposta, afferrate l'antifona. Questa è tutta la caccia all'uomo che vi consento. Ricordatevi, dobbiamo lasciargli credere che è lui il cacciatore. Lanciategli l'amo e se non richiama, non perseguitatelo, ma passate al prossimo.

Se chiama: le regole al telefono

Se il ragazzo vi invita fuori, è tutto molto più facile. Ha abboccato. Vi vuole. Perciò divertitevi con qualche giochetto mentre lo avvolgete nella rete.

L'avvento del cellulare ha causato una vera valanga di problemi alle ragazze. Vi fa sembrare tutte troppo disponibili. Ricordate, solo perché vi chiama sempre, a qualunque ora, non significa che siete obbligate a rispondere.

All'inizio di ogni avventura sentimentale, dovete essere rigorose. È un momento molto emotivo e la tentazione è di cominciare a riporre tutte le speranze in questo nuovo uomo. Trattenetevi! Non cominciate ancora a ricamare cuscini con la scritta *Lui* e *Lei*! O a pensare all'abito nuziale. Inspirate a fondo, cercate di essere il più rilassate possibile e di avere il controllo della situazione. Dovete fingere che non vi importi questo granché e che siete abituate a essere corteggiate in continuazione da uomini adoranti.

Non preoccupatevi, è facile fingere. Basta seguire queste regole:

Non accettare subito un appuntamento

Prima di tutto, non dovete essere troppo disponibili per un appuntamento. Lui deve darvi la caccia. Se vi chiama per fissare un incontro, dovete avere una reazione positiva ed essere molto dolci al telefono, ma non accettate immediatamente di vederlo la prima volta che ve lo chiede. Prima di richiamarlo, fatelo sempre aspettare per "controllare la vostra agenda". E lasciate passare ore prima di richiamarlo. Un giorno è meglio. Questo vi garantirà che trascorra la giornata pensando a voi e sperando che accettiate l'appuntamento. L'idea generale è farvi apparire come un ottimo partito, la ragazza che tutti vogliono. Deve aspettare per vedere se è abbastanza fortunato da ottenere un appuntamento con voi.

Non offrite spiegazioni sul perché non potete accettare. Ma se vi chiede come mai non potete uscire una certa sera, allora dategli una di queste risposte:

- State traslocando.
- Dovete andare a vedere uno spettacolo teatrale così noioso che vi vergognate perfino di dirgli il titolo. (Okay, in realtà vi dovete fare la manicure, i colpi di sole e la ceretta completa per prepararvi all'appuntamento con lui, ma non è il caso che lo sappia.)
- Non avete ancora letto gli ultimi due numeri di «Vanity Fair».
- Niente può interferire con la vostra serata di poker.

Ostentate sicurezza e provate. Funziona. Fidatevi di me.

Ecco un caso.

Amy, 33 anni
Per settimane, Amy aveva detto al suo nuovo ragazzo che non poteva uscire con lui perché stava traslocando. Adesso che è diventato suo marito, ne ride ancora. E ovviamente è troppo impegnata per fare le cose più banali della vita perché sta sempre traslocando.

Naturalmente, alla fine accetterete di vederlo. State solo ritardando il momento per farlo sudare un po' (e avere il tempo di prenotare una pulizia del viso).

Non rispondere mai troppo in fretta agli sms

Non rispondere mai subito a un messaggio. Molto meglio farli aspettare. Pensate al poker. Se vincete alle carte nel giro dei primi cinque minuti, il gioco non è più divertente. Ma se avete trascorso una serata intera giocando, inseguendo l'obiettivo e poi vincete, provate una sensazione di vero piacere. Perciò, quando si tratta di rispondere agli sms, indossate il vostro cappello da giocatrice di poker.

Non rispondete *mai* prima che sia passata un'ora. Mai. Se possibile aspettatene due. Anche qui, se riuscite a farcela, un giorno è meglio. Darà l'impressione che siete terribilmente impegnate, magari a respingere decine di altri uomini, mentre quello che state facendo davvero è solo guardare in pigiama un'antologia di *Sex and the City* alla televisione.

Lo so, la tentazione di rispondere subito è molto forte, perché siete eccitate. *Ma non fatelo.* Probabilmente vi accorgerete che se aspettate due ore, sarà lui a rispondere di corsa al vostro messaggio. Questo è un eccellente segnale. Significa che lo state tenendo sulla corda.

Io la chiamo la Tecnica alla Joan Collins. Immaginatevi di essere la signora Collins nei panni di Alexis in *Dynasty*. Anzi, lei potrebbe essere il mio prossimo caso.

Alexis
Dex Dexter invia ad Alexis un messaggio per invitarla fuori. Ma Alexis è impegnata a gestire il Colby Co Oil Empire. Si trova nel bel mezzo di una negoziazione sul petrolio con gli arabi e ci sono tre principi che stanno aspettando di incontrarla. Deve litigare con Krystle. E deve scegliere dei diamanti e un nuovo paio di spalline imbottite nel giro di pochi minuti, perché il suo sarto è al piano di sotto.

Ora, lei non risponderebbe immediatamente al messaggio di Dex, giusto? No. Lascerebbe passare almeno tre ore. (E il suo nome in quel momento è Alexis Morrell Carrington Colby Dexter Rowan, il che dovrebbe darvi un'idea del suo successo con gli uomini.) Ogni volta che ricevete un messaggio, pensate ad Alexis e aspettate un po'. Lo farete impazzire.

Non telefonargli mai

A parte quella minuscola prima mossa iniziale per dargli la spintarella che gli serve, non dovreste mai, mai rincorrere un uomo per telefono. Se siete usciti insieme, non importa quanto è stato bello, aspettate che sia lui a chiamarvi. È un gioco di forza. Per vedere chi cederà per primo. Anche se sono passate due settimane, noi non cederemo. Fra l'altro, se sono davvero passate due settimane, non funzionerà mai. Lui non è interessato. O è impegnato a vedersi con qualcun altro. Procedete oltre.

Mi spiace essere così brusco, ma questa è la vita. Se un uomo vi vuole, vi darà la caccia. Se non vi dà la caccia, allora fra voi non esiste un futuro. Se lo rincorreste voi, potreste averlo per un po'. Potreste sfruttare per settimane, mesi, anni tutti i vostri trucchetti per accalappiarlo, ma non funzionerà mai perché lui non prova il brivido della caccia.

Può essere doloroso a volte, ma la cosa migliore da fare, se è chiaro che non gli interessate e che non vi sta correndo dietro, è lasciarlo perdere. Dimenticatevi di lui. Alla lunga, risparmierete un sacco di tempo. Potrebbe sembrarvi di rinunciare all'opportunità di avere una storia d'amore, ma non è così. State solo proteggendo voi stesse.

Basta con la malinconia. Siete una donna favolosa. Se quel babbeo non ha telefonato, lo farà un altro. E quando lo farà...

Siate brevi

Continuiamo a seguire la regola sulle telefonate, i messaggi e la caccia. Lasciate che sia lui a chiamarvi. Quando lo richiamate, che sia una conversazione breve. Ditegli solo in che giorno siete libere per farvi portare fuori da lui. Non lanciatevi nel resoconto dettagliato di tutto quello che avete fatto al lavoro, di dove state andando, di come avete trascorso il fine settimana con le amiche o se la ceretta al labbro superiore vi brucia. Volete circondarvi di un'aura di mistero. Volete che si tormenti un po' su quello che avete fatto, dove... e con chi.

Seguite i miei consigli, mie piccole mammut, e il nostro cacciatore penserà che sia meglio darsi una mossa e ottenere un appuntamento con una meravigliosa, impegnata piccola preda come voi, prima che un altro cavernicolo si metta in mezzo con la sua clava.

TERZA PARTE

Come trattarlo male quando ci uscite insieme

«Le ragazze sono come i pianoforti.
Sono grandiose, quando non sono verticali.»
BENNY HILL

Ragazze, insisto perché rimaniate verticali
per tutto questo capitolo.
GERRY

I primi tre appuntamenti

Nei primi tre appuntamenti con un uomo bisogna rispettare certe regole. Dovete avere il controllo di tutto il processo di avvicinamento sin dal primo giorno, ma indurre l'uomo a credere che, in realtà, il controllo ce l'abbia *lui*.

Ricordatevi, la posta è ancora in gioco. Non avete niente in tasca. In questo momento lui, probabilmente, si sta vedendo con un sacco di altre ragazze. E anche voi, si spera, vi state vedendo con un sacco di altri uomini. Ma ecco come superare questi primi tre appuntamenti e convincerlo che voi siete l'unica adatta a lui.

Il primo appuntamento

Il primo appuntamento dovrebbe svolgersi in una caffetteria. Non è davvero un appuntamento. È un'anteprima. Un'audizione per vedere se volete investire davvero del tempo con quest'uomo.

Vestitevi in modo seducente, ma con moderazione. Decidete cos'è provocante e sexy senza sembrare volgare e pacchiana. (Per i miei consigli su cosa indossare, tornate a pag. 55.)

- La tecnica da History Channel

Il primo appuntamento deve essere molto corto. Quarantacinque minuti. Un'ora al massimo. Fidatevi. Anche se sta andando alla grande, *dovete* andarvene presto.

Pensate a voi stesse come a uno di quei promo su History Channel. Spuntano fuori per venti secondi, promettendo di raccontarvi tutte le cose più fantastiche in un nuovo programma. Vi stuzzicano. Così voi vi sintonizzate e scoprite tutti i dettagli più appetitosi. Seguite il loro esempio. Alludete a quello che ancora deve arrivare, punzecchiatelo. Poi andatevene. Lui adorerà il vostro promo e vorrà sintonizzarsi su di voi per un nuovo appuntamento.

- La tecnica del cane che annuisce

Il trucco, come ho detto, non è parlare ma ascoltare. L'arte di essere un buon conversatore è in realtà l'arte di essere un buon ascoltatore. Se non lo siete, non preoccupatevi. Potete bluffare usando il linguaggio del corpo. Avete mai visto quei cani giocattolo che vi fissano dai lunotti posteriori delle macchine? Quelli che annuiscono in continuazione? Fate anche voi così. Trasformatevi in quel cane. Mentre lui blatera del suo lavoro, di se stesso e di certe vacanze della sua infanzia in roulotte, voi annuite. Proprio come il cane. Sì, sì, sì. Non è nemmeno necessario che ascoltiate davvero mentre lo fate – per esempio, potreste pensare ai saldi di H&M – basta che guardiate nella sua direzione. Fate una pausa e poi, dopo qualche secondo, annuite ancora. Penserà che pendete dalle sue labbra. Penserà che siete favolose. In una relazione, potete approfittare di questa tecnica per anni. E funziona anche con i capi.

Se usate queste due tecniche, andrà tutto bene. Alla fine dei quarantacinque minuti lui tornerà in ufficio e racconterà a tutti che ha incontrato la donna più *fantastica* del mondo, che lo *comprende* davvero e che non vede l'ora di rivederla. Voi, invece, potete andare da H&M.

Considerate questo appuntamento come un'audizione per vedere se volete diventare amanti. Grazie a queste regole, voi, ovvio, passerete la vostra, ma in verità è *lui* quello a doverne segretamente superare una. Volete rivederlo? Approfittate dell'incontro per esaminarlo. Magari non è perfetto. Magari non è così alto e attraente come preferireste voi. Ma ha altre caratteristiche che potrebbero piacervi?

Cercate un ragazzo con del potenziale. Se non è particolarmente bello ma è carismatico e di successo, dategli una possibilità anche se non è il vostro solito tipo. Siate aperte di mente. Non troverete mai un uomo che ha tutto quello che volete. Siate preparate a soprassedere su qualcosa. Nessuno è perfetto. Perfino Brad Pitt ha le cicatrici dell'acne.

Per voi, piccole affamate di soldi là fuori, che state cercando un uomo abbiente che vi vizi a suon di scarpe Jimmy Choo, se i suoi guadagni sono bassi, cercate di scoprire almeno se è abbastanza ambizioso da volersi proporre per un potenziale cambiamento di lavoro, una promozione o un aumento di stipendio. Non tutte le donne riescono a sposare un uomo già ricco, mentre è molto più facile sposarne uno che lo diventerà. Roman Abramovich, il secondo uomo più ricco della Gran Bretagna (almeno sull'elenco dei più ricchi del «Times», 2006), ha incontrato la sua ex moglie Irina durante un volo quando lui era ancora un banale uomo d'affari e lei una hostess dell'Aeroflot. La bionda vistosa aveva intuito il suo potenziale. Okay, poi alla fine hanno divorziato, ma lei ha ottenuto una liquidazione di 155 milioni di sterline, che deve aver attenuato un po' il dolore.

Se state cercando il vostro Abramovich personale, siate pronte a sorvolare su alcuni difetti, come un aspetto orripilante. Ricordatevi, perfino gli uomini più brutti possono sembrare bellissimi ricoperti di banconote. (Non scioccatevi per questi consigli: siete voi quelle che vogliono cercarsi un uomo che vi faccia fare il bagno nel denaro. Io vi voglio solo far notare che la prima cosa che vi attrarrà del vostro multimilionario futuro marito potrebbe non essere il suo aspetto.)

Dopo questo primo appuntamento, potrebbero essere utili alcune piccole investigazioni in rete. Cercatelo su MySpace. Su Facebook. Rintracciate quante più informazioni possibili su di lui. Facebook vi darà anche qualche piccolo indizio se ci sono altre donne nella sua vita.

I siti dei quotidiani dovrebbero rivelarvi se ha combinato qualcosa che è finito sui giornali, sia in positivo sia in negativo.

Riprendete in mano la vostra agendina nera dopo l'appuntamento e compilate una piccola *checklist*.

- I suoi modi erano gentili? Vi ha scostato la sedia per farvi sedere? Vi ha detto che eravate belle? È stato gentile con i camerieri? È stato puntuale?
- Ha buon gusto in fatto di vestiti? (Niente gioielli d'oro, spero. I medaglioni sono motivo di abbandono immediato.)
- Ha senso dell'umorismo? Ricordatevi, quelle che ha recitato sono le sue migliori battute da "primo appuntamento". Da questo momento in poi, la qualità comincerà a decrescere. Se non è riuscito a farvi ridere, datevela a gambe adesso. Vi aspetterebbe una vita noiosa. Per lui è troppo tardi, ma voi salvatevi.
- Ha l'alito cattivo o puzza di sudore? Al primo appuntamento si arriva più profumati possibile, se già a questo punto emana un cattivo odore, svignatevela ora.
- Cosa mi dite dell'educazione a tavola? Potete sopportare di sedervi davanti a lui per i prossimi vent'anni?
- Mentre era con voi ha risposto al telefono o ha controllato il BlackBerry? A meno che non sia un medico reperibile, dovrebbe davvero essere in grado di concedervi la sua attenzione incondizionata per quarantacinque minuti.
- Era curato, con i capelli tagliati di recente, niente nei strani e le unghie pulite? Le sue scarpe erano lucide?
- Avete verificato che al suo anulare sinistro non ci fosse una linea di pelle bianca e non abbronzata?
- Si è preso cura di voi, chiamandovi un taxi alla fine dell'appuntamento, per esempio? O offrendovi un passaggio?
- E in ultimo (ogni ragazza dovrebbe essere un po' una

piccola cacciatrice di patrimoni a questo punto: non c'è niente di male a controllare gli eventuali segnali di ricchezza) il suo portafoglio era di pelle? Le sue carte di credito erano di platino? Portava un orologio decente? Guidava una macchina dignitosa o è arrivato su uno skateboard? Non sto dicendo che dovreste interessarvi solo a un uomo con i soldi, ma non c'è niente di sbagliato nel desiderare un po' di stabilità, di sicurezza e una bella casa. (Tenete a mente quanto sono diventati costosi i bambini dopo l'invenzione delle console e dei lettori mp3.)

- A proposito, ha offerto lui? Avanti! Era solo un caffè! Se avete fatto a metà adesso, con solo due espressi, si è dimostrato un tantino taccagno.

Ricordatevi che in questa fase dovete essere impietose. Se non è scattata nessuna alchimia, cestinatelo. Riempite il posto libero con qualcun altro. Scaricatelo anche se è stato sgarbato o se recitava. Non siete così disperate da uscire con uomini di m...

Perfino se c'è stata un'alchimia *pazzesca.*

E non baciatelo a questo appuntamento. Si tratta solo di un caffè, spudorate che non siete altro!

Il secondo appuntamento

Può essere un pranzo o un drink nel tardo pomeriggio.

Lasciate che sia lui a suggerire dove incontrarvi. Così capirete se sa dove andare e se vuole portarvi in qualche posto carino. Fate le preziose e non accettate di bere qualcosa in un pub. Mie care, voi non frequentate pub, solo eleganti cocktail bar e raffinate vinerie. Informatelo che preferireste un appuntamento per pranzo piuttosto che per cena. (Non si dovrebbe mai uscire con qualcuno la sera fino a quando non lo si conosce abbastanza bene.)

A pranzo lui sa che non si farà sesso e voi gli farete capire che deve darci dentro per corteggiarvi. Se è abbastanza gentiluomo da investire il suo tempo in voi, e non è solo interessato a una sveltina, uscirà a pranzo. Se il "pranzo" non gli va, allora può tranquillamente portarsi a cena la prima sgualdrina di passaggio.

Il secondo appuntamento sarà leggermente più lungo del primo. Pensate ancora "anteprima" e non rivelate troppo di voi stesse. Non rovesciategli addosso la storia della vostra vita. Perché dovrebbe volervi rivedere, se non avete più niente da raccontargli?

Non confidategli i vostri problemi. Sì, certo, in fondo in fondo anche gli uomini cercano qualcuno con cui condividere le difficoltà, i momenti no e i drammi, ma non al secondo appuntamento.

Ricordatevi che in questi primi appuntamenti gli state offrendo una vostra versione idealizzata. Non significa prendere in giro, solo giocare d'astuzia. Lui avrà tutto il tempo di scoprire come stanno davvero le cose più avanti. Ma per allora, si sarà affezionato, si sarà innamorato.

Di nuovo, niente baci. Fatelo aspettare. Il vostro scopo è di stuzzicare il suo interesse e fargli desiderare qualcosa di più. Il trucco è di aprirvi lentamente come un magnifico fiore. Non offritevi su un vassoio d'argento come un porcellino da latte arrosto!

Il terzo appuntamento

Il terzo, cruciale appuntamento è quello a cena. La buona notizia è che questa volta potrete anche baciarlo.

Questo è l'appuntamento più importante dopo i primi, brevi incontri di "qualificazione". Un appuntamento a cena rivela che vi piace qualcuno. Siete disposte a investire un'intera serata con lui e lui solo. Gli state permettendo di arrivare da qualche parte. È un uomo molto, molto fortunato.

Proponetegli un ristorante dove godete di una certa familiarità, così vi sentirete più sicure di voi stesse. Non organizzereste mai un incontro d'affari cruciale in un territorio mai esplorato prima, vero? Usate il linguaggio del corpo: concentratevi su di lui. Niente occhi che vagano, per favore. Non importa quanto sono carini i camerieri.

Evitate i ristoranti rumorosi; alzare la voce per farsi sentire non dona affatto. Quelli a lume di candela vanno benissimo. Le candele sul tavolo vi toglieranno almeno cinque anni e dieci chili.

Mangiate, ma non abbuffatevi! Ogni uomo eterosessuale degno di questo nome è eccitato dalle donne che mangiano. È un istinto primitivo. Ma siate sempre molto composte. Gli uomini vanno matti per le donne beneducate, e questo include anche come si sta a tavola. Ogni donna dovrebbe osservarsi allo specchio mentre mangia.

Se il cibo vi piace, e lui ve lo chiede, diteglielo. Per gli uomini c'è uno stretto legame fra cibo e sesso. Se non vi piace, spiegategli anche il perché, ma sempre in modo carino.

Ora – e questo potrebbe rendermi un po' impopolare fra alcune di voi – la cosa vietata qui è l'alcol.

Lasciate che mi spieghi con un altro caso di studio.

Miss Scarpe di Prada

L'altro giorno ero a Londra, nei pressi della Liverpool Street Station. Era venerdì sera e c'era tutta quella gente della City che stava tornando a casa dopo una serata fuori. Ho visto una donna, vicina ai quaranta. Dal suo abbigliamento si capiva che era una persona di successo. Indossava un meraviglioso abito di Escada. I suoi capelli tradivano il tocco di un salone costoso. E calzava un paio di scarpe di Prada. Ma era ubriaca. Molto ubriaca. Non ero abbastanza vicino per vedere con chiarezza, ma penso che ci fosse del vomito sui suoi costosi colpi di sole. Con lei c'erano dei colleghi, che pregavano i taxi di fermarsi e caricarla. Finalmente uno lo ha fatto. L'ho osservata salire incespicando, ho osservato i suoi colleghi che le scaraventavano dentro la borsetta. E quelle scarpe di Prada, che erano rimaste sul marciapiede. Quando Miss Scarpe di Prada sarà arrivata al lavoro, lunedì mattina, i suoi colleghi non l'avranno più considerata il capo con l'abito di Escada. L'avranno rivista mentre perdeva il controllo. Anche se aveva lavorato per quindici anni per guadagnarsi il loro rispetto – quindici anni di sveglie alle sei della mattina e di sere in ufficio – tutto era stato rovinato in una sola notte.

Okay, torniamo a voi. Lo stesso vale in una relazione. Potete essere seducenti per settimane, mesi, addirittura anni, ma se vi vedrà barcollare come Miss Scarpe di Prada, avrete perso tutto. Lui compreso.

Non ubriacatevi *mai*, *mai* in questi primi, cruciali appuntamenti. Se volete uscire a sbronzarvi, fatelo con le vostre amiche. Organizzate un weekend fuori città e godetevi la vostra "giornata dell'alcol". Per le vostre amiche non sarà un problema vedervi in quello stato. Vi perdoneranno e vi vorranno ancora bene, e voi vi divertirete.

L'altro giorno, in biblioteca, ho trovato una lettera di Sir Walter Raleigh. Nella lettera, Sir Raleigh ammonisce che il vino «tramuta l'uomo in bestia, fa deperire la salute... deforma il viso e fa marcire i denti». È stato scritto quattrocento anni fa – ma il consiglio vale ancora – gli alcolici faranno marcire anche i vostri denti del ventunesimo secolo, ragazze.

Personalmente, penso che non dovreste *mai* permettere a un uomo di vedervi ubriache, non solo all'inizio di una relazione, ma anche quando siete ormai una coppia consolidata. Perdereste tutto il vostro fascino. Insomma, è un look che non dona per niente.

Molti appuntamenti sono andati a monte per questo. Tempo fa, frequentavo un uomo meraviglioso, ma l'ho mollato per colpa dell'alcol. Non era un alcolizzato, ma beveva regolarmente un goccetto di troppo e perdeva il controllo. E se non era con me, cominciava a telefonarmi, farfugliando le cose più stupide. Non era tenero, era fastidioso.

L'arte di trattare male un uomo per conquistarlo è tutta una questione di controllo. Se siete ubriache, non ne avrete affatto. La mia deliziosa bisnonna Anastasia sosteneva che "lo spirito è forte ma la carne è debole" e questo è particolarmente vero dopo che di spirito se ne sono bevuti un paio di bicchieri. Siate forti e mantenete il controllo.

Per evitare ogni tentazione, una buona idea è quella di presentarsi a questi appuntamenti in macchina, così non potrete superare il limite di alcol consentito per guidare. E se proprio dovete bere, per l'amor del cielo, cercate almeno di non bere più di lui. Osservarvi mentre vi scolate una bottiglia intera di vino *non* è affascinante.

Spiacente, ecco un altro divieto: niente sesso.

La regola dei tre mesi

«Date mano libera a un uomo
e ve la metterà subito addosso.»
MAE WEST

Dite a quei piccoli cavernicoli
di tenere le mani a posto.
GERRY

Debrett's, una collana di galatei moderni, sostiene che è permesso andare a letto con un uomo al terzo appuntamento.

No che non lo è.

Non state ad ascoltare nessun *Debrett's*. È stato scritto per ragazze aristocratiche, ma guardate un po' come sono disfunzionali le classi più elevate. Tutti gli uomini hanno un'amante e tutte le donne sono confuse. Forse perché hanno letto tutte *Debrett's*.

Se possedete un castello o un ragguardevole fondo fiduciario, forse potete concedervi un comportamento un po' cortigianesco. Ho scoperto che quando vali milioni o tuo padre possiede una contea, gli uomini tendono a essere più attratti da te e a invitarti fuori per un altro appuntamento.

Debrett's sarà anche stato scritto per le signore, ma andare a letto con un uomo al terzo appuntamento non è affatto da signora. Però la buona notizia è che non dovete comportarvi come una suora. Ragazze, vi ho già detto che al terzo appuntamento vi consento un bacio – dopotutto, è necessario verificare l'alchimia – ma niente di più.

La maggior parte degli uomini divide le donne in due grandi categorie: quelle con cui vogliono solo fare sesso e quelle con le quali vorrebbero restare un po' più a lungo. Tutti vogliono assaggiare il frutto proibito, ma nessuno sbava dietro a dei vecchi meloni che sono stati palpati da chiunque.

Una delle istruzioni principali che governa la mente degli uomini è di individuare il meglio e conquistarlo. Se non vi lascerete conquistare per un po' lo indurrete ad abboccare ben bene all'amo e a convincersi che voi siete il meglio.

Perciò dimenticatevi di quello che dice *Debrett's*. L'unico capo di abbigliamento di cui siete autorizzate a spogliarvi durante gli appuntamenti uno, due e tre è la vostra pashmina. Il segreto della seduzione è essere irraggiungibili, non dissolute.

Quindi, per quanto rimanere irraggiungibili? C'è un libro, fra quelli che ho letto, che sostiene che dovreste aspettare almeno sei mesi prima di andare a letto con un uomo. Be', così è fin *troppo*. Non importa quanto siete affascinanti, ma ben pochi uomini aspetteranno sei mesi che voi vi decidiate a mostrare loro la vostra alcova. *Tre mesi,* invece, sono un tempo di attesa perfetto. Sembra un tempo lunghissimo, ma è fondamentale aspettare così tanto, perché è l'unico modo per domare la biologia maschile. Ricordate quando abbiamo detto che gli uomini sono dei piccoli torelli in calore (pag. 28) e che amano andare a caccia delle donne-mammut? Un uomo non si godrà la caccia se cedete troppo presto. Più lungo sarà l'inseguimento, più memorabile sarà l'esperienza finale e più preziosa la preda.

Perciò siate pudiche. Senza trasformavi in matrone inacidite. Voglio dire, stuzzicatelo, tenete acceso il suo interesse, rendete piacevoli gli appuntamenti con lui, baciatelo, ma tenetevi addosso i vestiti per un po'. Fidatevi di me, gli uomini non stanno con le donne "facili". Sì, ci fanno sesso, magari anche per un paio di volte, ma purtroppo non le vedono in una prospettiva a lungo termine. So che è sessista, antiquato e ingiusto, e che è una cosa che non ammetterebbero mai con una donna, ma è questo quello che mi hanno raccontato i miei amici uomini. Come ha detto uno di loro dopo una notte con una nuova "signora": «È venuta a letto con me così in fretta; mi viene il sospetto che vada a letto con tutti quelli che hanno un codice fiscale», mentre un altro amico, che invece stava aspettando da un po', un giorno è arrivato sorridendo come il gatto che ha finalmente catturato il canarino dopo una complicata caccia per tutta la casa.

Se quella che volete è un'avventura di una notte, allora avanti, saltate subito nel letto. Ma se volete tenervi un uomo più a lungo, allora insegnategli che dovrà combattere per conquistarvi. Non siete una preda facile, in tutti i sensi! Questo canarino opporrà resistenza!

Come farlo aspettare senza fargli perdere la poesia

- Se al ristorante lui dice: «Andiamo a casa tua o a casa mia?», sorridetegli e rispondete: «Entrambe». Voi a casa vostra e lui a casa sua. Poi dategli un colpetto sul ginocchio e ditegli che è proprio birichino.
- Se durante un bacio la sua mano comincia a scendere verso sud, allontanatela con un colpetto. Rimproveratelo con un "no-no!" e poi ricominciate a baciarlo.
- Se state tornando a casa in taxi insieme, chiedete all'autista di aspettare mentre lui vi accompagna alla porta. Baciatelo sulla soglia. Si agiterà tutto perché il tachimetro del taxi continua a correre mentre vi sta baciando. Ottimo. Spererà di poter tornare a dirgli di andarsene senza di lui, ma voi non permetteteglielo. Ringraziatelo educatamente per la cena e poi ditegli di no.
- Se insiste, non rispondetegli: «Domani mattina devo alzarmi presto per una riunione». È così banale. Invece, ripetetegli di no in tono grazioso. Magari aggiungete che adesso dovete proprio correre a dare da mangiare al vostro pesciolino rosso. Sa che state scherzando, ma recepirà il messaggio. Se insiste, provate a raccontargli che domani mattina dovete portare il pesciolino rosso dal veterinario perché ultimamente è un po' depresso. E che non volete stressarlo presentandogli degli estranei.

- Se continua a trattenersi come un pit bull in calore, determinato a ottenere il suo "caffè", siate categoriche e ditegli: «Ci saranno altre serate! Buonanotte e grazie!». Fategli ciao con la mano e chiudete la porta.

Fidatevi, la caccia gli piacerà. Se però dopo questo epilogo non dovesse richiamarvi, allora non c'erano comunque speranze, ma chi se ne importa, dopotutto, era solo una cena. Passate all'uomo successivo. Se, invece, siete andate a letto con lui già a questo stadio preliminare e non vi chiama, allora vi sentirete da schifo. La Regola dei Tre Mesi serve a proteggervi e a tutelare il rispetto per voi stesse.

Incoraggerà gli uomini veri, quelli che vogliono genuinamente diventare vostri compagni. E scoraggerà i cosiddetti "artisti degli incontri occasionali", che sfruttano gli appuntamenti come scusa per andare a letto con quante più ragazze possibile e non provano nessun interesse per voi e per la vostra vita che non sia legato al sesso.

E c'è un altro vantaggio. Se uscite insieme a qualcuno ma non ci andate a letto, potete vedervi con molti più uomini. Se non dormite con loro, nessuno potrà accusarvi che siete una donnaccia che esce con più di un uomo alla volta, giusto? Avanti! Organizzate quante più serate possibile con uomini che vi desiderano. Godetevi la compagnia di un carnet di maschietti, tutti con le loro potenzialità. Lasciate che lottino per voi. E se qualcuno si dimostra un perdente, il disappunto verrà mitigato dal fatto che ci sono molti altri pretendenti in attesa. Le donne usano questa tecnica da milioni di anni. Elena di Troia aveva così tanti spasimanti da formare un esercito e combattere la famosa guerra.

Ecco un caso che dimostra i benefici di aspettare:

Mike, 37 anni

Avevo cominciato a uscire con due donne più o meno nello stesso momento. So che era arrogante, ma non avevo promesso l'esclusiva a nessuna. Danny era un'attrice e Kate una maestra di scuola elementare. Fisicamente mi piacevano entrambe. Danny aveva un corpo strepitoso, scolpito da anni di danza e di teatro. Kate era più voluttuosa, ma il suo seno era da infarto. Sono andato a letto con Danny fin dalla prima volta, dopo averla incontrata in un locale: il sesso era fantastico e lei sempre disponibile. Kate invece non era dell'idea. Solo dopo un bel po' di appuntamenti sono riuscito a spuntare un bacio come si deve.

Mi sono infatuato di Kate, sognando di stringerla fra le braccia, di spogliarla, domandandomi come sarebbe stata nuda. La chiamavo ogni giorno. Sapevo di piacerle, ma la sua vita era molto impegnata e non sempre aveva tempo per me. Più o meno nello stesso momento mi sono reso conto che per Danny non nutrivo alcun interesse a parte il sesso e ho messo fine alla cosa. Lei ha obiettato, ma io le ho spiegato che non c'era vera alchimia fra noi. Sapevo quello che volevo, conquistare Kate. Ed è stata la scelta giusta. Dopo due anni insieme so di aver trovato la mia anima gemella e mi considero molto, molto fortunato.

Questo punto è spiegato perfettamente in *Sex and the City.*

Carrie Bradshaw e Aidan
Aidan, l'aitante carpentiere, dopo aver annunciato a Carrie Bradshaw di voler aspettare per tutte le ragioni più giuste, è uscito con lei per due serie di *Sex and the City*. Come le ha spiegato in un episodio, era stanco di andare a letto con le donne troppo in fretta e che tutte le sue relazioni affondassero. Era stanco di essere single. Voleva andare a letto con qualcuno a cui teneva.

(Terza serie, sesto episodio, se volete andare a vedervi la scena esatta!)

Ovviamente, ogni regola ha la sua eccezione. Ci sono persone che dormono insieme fin dall'inizio. E si sposano. Formano una famiglia felice. Ma siete disposte a correre il rischio? Ecco la domanda da porsi.

L'unica eccezione possibile che potrei fare alla regola dei tre mesi di "attesa" è se lui si presenta con un anello di diamanti e vi fa una dichiarazione. (Ma anche in questo caso, lo farei aspettare ancora altre ventiquattr'ore mentre fate valutare la pietra e vi accertate che abbia un valore decente. Non qualcosa che ha comprato d'occasione a una televendita.)

Dunque ecco sistemati i primi tre appuntamenti. Se vi piace, continuate a frequentarlo. Divertitevi e godetevi la sua compagnia. (Sentitevi però anche libere di vedere altri uomini, ovviamente.)

Ecco una possibile scaletta di appuntamenti:

- Appuntamento n. 1 – in una caffetteria. Un espresso macchiato e via. Lasciate che sia lui a pagare.
- Appuntamento n. 2 – pranzo in un ristorante di medio livello o un drink prima di cena in un bar carino. Lasciate che sia lui a pagare.
- Appuntamento n. 3 – cena. Portatelo in un ristorante con cui avete familiarità. Offritevi di fare alla romana, ma non insistete troppo. Se è davvero quello giusto per voi, deve comportarsi con galanteria. Se vi va, baciatelo.
- Appuntamenti n. 4, 5 e 6 – qualcosa di divertente. Lo zoo, un acquario, il parco, un museo, un'attività sportiva.
- Appuntamenti n. 7 e 8 – provate con il cinema e il teatro. Un film o uno spettacolo interessante, così avrete qualcosa di cui parlare dopo, ma niente di impegnativo. A questo stadio, costringerlo a trascorrere la notte discutendo di *Le lacrime amare di Petra von Kant* di Fassbinder, mentre quello che lui voleva davvero guardare era l'ultimo blockbuster tutto azione, potrebbe far naufragare le cose.
- Appuntamenti n. 9 e 10 – a questo punto potete passare a una cena da lui, o da voi. Ma poi andatevene o sbattetelo fuori. Ricordatevi che non è ancora il momento di condividere il vostro talamo.

Se non siete dell'umore giusto, non ha senso che vi trasciniate fuori per un appuntamento. Cancellate l'impegno e proponete di rinviarlo. Ricordate che siete voi ad avere il controllo. Lui può vedervi solo quando vi sentite strepitose.

Abbiamo risolto il problema di dove andare. Ora, cosa molto più importante, cosa dovreste indossare? E quando non annuite fingendo di ascoltarlo, cosa dovreste dire?

Cosa indossare

La cosa migliore sarebbe avere già una serie di completi pronti. Un completo per il primo appuntamento, un completo per il secondo e così via. Questo vi aiuterà se vi state barcamenando fra più uomini e vi risparmierà la preoccupazione di domandarvi se lui vi ha già viste con quel particolare vestito. Oltre che farvi risparmiare denaro. Non è necessario correre a comprare un completo nuovo di zecca per ogni appuntamento. Anzi, vi sentirete meglio in qualcosa di già collaudato, che sapete vi sta d'incanto. Se volete sentirvi speciali, potete sempre aggiungerci accessori nuovi. Una spilla o una collana insolita sono un ottimo argomento di conversazione, e se le piazzate strategicamente, gli fornirete una buona scusa per rivolgere una lunga occhiata di ammirazione al vostro davanzale. Attenzione però: non esagerate. Non voglio che usciate tutte addobbate come un carro allegorico brasiliano.

Lasciare intuire una biancheria favolosa è sempre un'ottima mossa: magari un paio di belle calze sotto una gonna aderente. Così lui potrà intuire la presenza di un reggicalze attraverso il tessuto, ma la gonna non sarà così corta da permettergli di vedere il bordo di pizzo quando vi sedete. Gli uomini adorano le calze autoreggenti. A loro suggeriscono l'idea di una donna pronta a passare all'azione e il fruscio del filato costoso li mette in stato di allerta come dei cani da punta. Pensate a qualcosa di sexy e piccante, ma non volgare. Mostrate un po' di gambe o un po' di scollatura. Se indossate una minigonna, scegliete un top che non riveli troppo. Se la vostra camicia è attillata, magari preferite dei jeans. Mai mostrare troppo. Non state posando per un calendario e non siete Sharon Stone in *Basic Instinct*.

Se fa freddo, infilatevi un cappotto. (Sì, vostra madre aveva ragione.) Non c'è niente di meno attraente di una ragazza nel suo vestitino leggero che diventa blu mentre aspetta un taxi. Vedo tutte queste fanciulle in minigonna fuori dai locali, che congelano strette le une alle altre e assomigliano a quei corpi mummificati che hanno ritrovato nelle Alpi. Non è un gran bel vedere. Indossate un cappotto grazioso e depositatelo al guardaroba.

Niente perizoma. Sono così volgari, soprattutto quando spuntano dal bordo dei jeans. Durante un appuntamento lui non dovrebbe mai vedere la vostra biancheria intima. E date un occhio a quello che succede ai vostri pantaloni quando vi sedete. La riga del seno può essere sexy. Quella delle chiappe decisamente no.

E a proposito di biancheria intima, se è un articolo che non può vedere, in questo stadio sentitevi pure libere di barare. Con biancheria contenitiva tieni-tutto-dentro tipo gli Spanx Pants. Corsetti di ghisa. Petti di pollo infilati dentro il reggiseno a balconcino. Lui non vedrà niente di tutto questo, quindi potete tranquillamente indossare qualsiasi cosa sollevi, separi, tenga dentro, spinga in su e vi aiuti a ottenere una bellissima figura a clessidra. Quando vi vestite, immaginatevi di essere Gustav Eiffel che progetta la Torre. In questa fase, un po' di abile ingegneria delle costruzioni e del ferro per creare una forma altrimenti impossibile sono del tutto leciti. Per il momento in cui lui scoprirà che il vostro stomaco perfettamente piatto è avvolto da metri di potentissimo elastico e che la vostra coppa DD è il risultato di protesi di gomma ed è stata acquistata il giorno precedente in un grande magazzino, sarà già innamorato di voi e non gli importerà.

Cosa dire

Riducete al minimo le chiacchiere sulla vostra vita personale. Vi renderà terribilmente misteriose ed eccitanti. Se rivelate ogni singolo dettaglio della vostra infanzia, dei vostri studi, del lavoro, delle vostre aspirazioni e bla bla bla, che senso ha continuare a frequentarvi? Dopo il suo precedente appuntamento con l'entomologa che gli ha bruciato la corteccia cerebrale con la sua vivida descrizione del rituale di accoppiamento dei coleotteri, lui troverà molto piacevole tutto questo mistero. Sì, lo so che siete eccitate, ma dovete imparare a tenere a freno le vostre emozioni. Trattenetevi.

Lasciate che sia soprattutto lui a parlare. Ponetegli domande aperte – quelle a cui non si può rispondere con un sì o un no – «Dove sei stato in vacanza l'estate scorsa?» è un classico. Provate anche con la musica, gli animali o lo sport. Date un'occhiata ai quotidiani e ai telegiornali prima di uscire, così avrete un'idea di massima di ciò che sta accadendo nel mondo. Dimenticatevi tutte le stronzate a proposito di non parlare di religione e politica. È proprio su questi argomenti che potete giudicare un uomo. Riuscite a discutere qualche minuto di immigrazione, o lui se ne rimane seduto lì con l'espressione assente? Ribaltate le carte e ponetegli una domanda alla quale è probabile non sappia rispondere con facilità. Se si lamenta del governo, chiedetegli cosa farebbe lui. Chiedetegli se è andato a votare. Il modo in cui le persone gestiscono la loro mancanza di conoscenza è molto significativo. Lui appartiene alla categoria di quelli a cui piace imparare sempre qualcosa di nuovo?

Detto questo, anche se va bene avere un'opinione propria, non dovreste parlare in tono lamentoso, bombardarlo di parole o alzare la voce come se foste un avvocato che tiene la sua arringa. E non cominciate a lamentarvi. Gli uomini odiano le donne lamentose. Ho conosciuto degli uomini che sono tornati a casa dopo un primo appuntamento dicendo che stavano meditando di emigrare, solo per non imbattersi più in quella noiosa, lamentosa, piagnucolosa scocciatrice!

Anche la sua infanzia è un ottimo argomento. Il mio defunto nonno, che era un importante psichiatra greco, sosteneva che entro il terzo anno di vita la nostra personalità è completamente formata. Affermava anche che la maggioranza delle paure, dei traumi e dei complessi hanno la loro origine nell'infanzia. Potete scoprire molto sul vostro uomo, chiedendogli che tipo di bambino era. Informatevi gentilmente sui suoi ricordi più felici. Se comincia a raccontarvi di belle vacanze estive, gite scolastiche, animali domestici ecc. ci sono buone probabilità che sia una persona più o meno equilibrata. Un sincero amore per i genitori, i fratelli e le sorelle indica una natura generosa e affettuosa.

Quando è lui a rivolgere a voi domande sulle vostre vacanze e sulla vostra infanzia, cercate di dare risposte che coinvolgano tutti e cinque i sensi. È chiamata Tecnica di associazione positiva e induce l'uomo a pensare che la vita sarà favolosa insieme a voi. Raccontategli delle meravigliose vacanze che avete trascorso. Il caldo, il calore delle persone, il buon cibo. Parlategli dei colori, dei sapori, della luce. Più la vostra descrizione sarà vivida e più sarà vivida l'immagine che si formerà nella sua mente. Gli piacciono gli animali? Descrivetegli quell'adorabile cucciolo che avevate da bambine. Il cibo? Citate un ristorante fantastico in cui avete mangiato. O un piatto che sapete cucinare. Tentatelo. Gli state dicendo: «Se stai con me, ecco come sarà la tua vita». Stuzzicate il suo interesse con sensualità e promesse.

Io uso questa tecnica tutte le volte. Se la giornata è uggiosa, parlo della Grecia. Potrei anche mostrare un libro illustrato sulla Grecia – fantastiche fotografie di casette bianche inondate di sole e affacciate su una baia blu. Poi alimento lo stimolo iniziale con ulteriori dettagli – gli odori, la luce, la vita tranquilla, il sapore intenso dei frutti che maturano al sole del Mediterraneo, il profumo delle erbe selvatiche che impregnano l'aria.

Tirate fuori una collezione di baggianate come queste e lui se ne andrà dall'appuntamento tutto sognante, pensando al sole caldo e a dei banchetti paradisiaci. Funziona. Ci cascano sempre.

Se dice qualcosa di stupido, non fateci caso. Ricordatevi che anche lui probabilmente è nervoso. Liquidate la cosa con una risata. E a proposito dei saluti, non abbiate paura di viziarlo con qualche complimento: «Mi piace la tua giacca/camicia», «Che buon profumo!». Così si rilasserà e fin dal primo istante in cui vi incontrate penserà che siete meravigliose.

Ridete e sorridete. Ci sono buone probabilità che gli piaccia ridere con voi più di qualsiasi altra cosa. Un umorismo spontaneo è uno dei più potenti afrodisiaci per entrambi.

Non parlate mai, mai della vostra vita sessuale. Non c'è nessun bisogno che sappia. Se state raccontando un episodio di una vacanza che avete trascorso con un ex, ditegli invece che ci siete andate con un'amica o un familiare. L'ultima cosa di cui avete bisogno, in questo momento, è di essere sessualmente gelosi l'uno dell'altra e che lui pensi all'ultimo uomo che vi ha viste nude (un'immagine che difficilmente concilia la digestione). Non fornitegli mai un totale di tutti gli amanti che avete avuto, e comunque lui non dovrebbe chiedervelo. Se l'ultimo uomo vi ha mollate, mentite. Lui non vuole stare lì seduto con lo scarto di un altro. E se vi va, è anche accettabile che vi ringiovaniate di uno o due anni. Non abbiate paura di mentire su queste cose. Se Dio ha inventato le bugie, una ragione ci sarà.

Bene, queste sono le regole generali.

✓ Prima di qualsiasi appuntamento è severamente proibito ogni tipo di atteggiamento disfattista!

La tecnica della doccia scozzese

«Quando era buona, era molto molto bella;
ma come diventava maliziosa, quando era cattivella.»
FILASTROCCA

Eh sì. Questo è il trucco più importante
che potete imparare in queste poche settimane pre-sesso.
GERRY

Poiché ho vissuto in Scozia per un bel pezzo, posso dirvi che, parlando in generale, farsi una doccia là è un incubo. Gli impianti idraulici sono terribili. La temperatura dell'acqua oscilla continuamente da calda a fredda.

Ragazze, quando si tratta di uomini, potete imparare un sacco dal sistema della doccia scozzese. Alternate il caldo e il freddo, così che lui non sappia mai cosa gli sta per piovere addosso. Accendete e spegnete l'alchimia inviando segnali confusi. Siate gentili ma, per tenerlo sulle spine, mostratevi di quando in quando distaccate e lontane.

Proprio quando comincia a pensare di avervi in pugno, raffreddatevi di colpo. Tenetelo costantemente sulla corda. Non dovrebbe mai sapere come vi comporterete. Un giorno siete affettuose e disponibili ad ascoltarlo mentre blatera del cagnolino che aveva da piccolo. Quello successivo siete completamente irraggiungibili.

Questa tecnica lo disorienterà ma alimenterà anche la sua smania di conoscervi e di avervi. Il suo ego lo acceca e non si abituerà a quello che percepisce come un ingiusto mancato riconoscimento del suo fascino maschile. Lotterà di più per ottenere la vostra attenzione, si domanderà cosa diavolo è stato a farvi disinteressare a lui. Per gli uomini l'indifferenza è inebriante. Vorrà avere altri appuntamenti perché vorrà capire. Vorrà rimediare all'errore che ha evidentemente commesso. Sarà intrigato!

Usate la mia esclusiva e brevettata tecnica della doccia scozzese per essere certe di alternare il caldo e il freddo in modo da tenerlo sempre in ebollizione.

Il metodo Blackjack

C'è una vecchia battuta che dice: «Gli uomini sono come un mazzo di carte. Ci vuole un cuore per amarne uno, un fiore per sposarlo, un quadro da fracassargli in testa e un piccone per seppellire quel bastardo!». Per fortuna, voi avete una regina che vi spiega tutte le regole.

Gli appuntamenti sono un po' come giocare a carte. E la mia esclusiva tecnica della doccia scozzese è molto simile al blackjack.

Nel blackjack alcune carte valgono – 1 punto (tutte le figure come i fanti e le regine, più l'asso). Alcune valgono + 1 punto (quelle fra il due e il sette). Il trucco, nel blackjack, è di tenere il conto di tutte le vostre carte e fare in modo che il risultato totale di quelle che avete in mano, sommando i valori positivi e quelli negativi, sia compreso fra 0 e 10. State perdendo se la vostra mano vale più di 10 punti o ha un valore negativo.

Lo stesso vale per gli appuntamenti. Ci sono azioni positive e negative: chiamiamole "getti caldi" e "getti freddi", come nella doccia scozzese. Alcune azioni gli faranno credere di essere lui ad avere il controllo; altre gli dimostreranno che, invece, ad averlo siete voi. Il trucco è trovare l'equilibrio giusto fra i due tipi di azione. Troppe azioni gentili e lui penserà che siete uno zerbino o vi considererà noiose. Troppe azioni negative e lui vi considererà troppo fredde, poco interessate e anche un po' stronze.

Ecco alcuni esempi di azioni positive – "getti caldi" – e negative – "getti freddi" – da sfruttare nel Gioco degli appuntamenti. Se scegliete qualcosa di gentile e affettuoso dalla lista calda, cercate di bilanciare con un breve getto gelido dalla lista fredda.

Getti caldi

- Complimentatevi per il suo abbigliamento (anche se è orribile).
- Avvicinatevi al suo collo e ditegli che adorate il suo dopobarba.
- Lasciate che ordini per voi al ristorante. (Lo farà sentire esperto e virile.)
- Ridete delle sue (pessime) battute.
- Mentite e ditegli che ha un "favoloso senso dell'umorismo". (Dopo che è bravo a letto, questa è la cosa che un uomo più ama sentirsi dire.)
- Appoggiatelo. Non inanellate un'adulazione dopo

l'altra, ma siate solidali e immedesimatevi nei suoi problemi. Tutti gli uomini hanno le loro insicurezze e vi adoreranno per questo.

- Occasionalmente, sorvolate sui suoi difetti. (Se gli fate notare i suoi limiti, lui si metterà con un'altra perché è questo il suo modo di cercare vendetta.)
- Usate la vostra tecnica del cagnolino che annuisce e fingete di ascoltarlo mentre blatera a proposito di qualche noiosa riunione d'affari. Crederà che siete davvero interessate, anche se la vostra mente si trova in una lontanissima shopping-galassia.
- Mantenete un forte contatto visivo durante tutto l'appuntamento, fissandogli di quando in quando la bocca e mordicchiandovi il labbro. (Un messaggio subliminale che comunica all'uomo che volete che vi baci.)
- Sfiorategli una mano mentre parlate, guardatelo negli occhi, poi scostatevi. Questa mossa lo farà impazzire e lo indurrà a credere che avete una voglia matta di andare a letto con lui.
- Squittite di "paura" durante un film spaventoso, così l'uomo grande e forte avrà la scusa di abbracciarvi tutto protettivo.
- Alla fine della serata ditegli "grazie" con fare civettuolo e confidategli che vi siete divertite moltissimo.

Tutto questo è molto bello e il vostro uomo penserà che siete la migliore di tutte. Ma penserà anche di avervi ormai in tasca, perciò, signore, riequilibrate la situazione con un bel getto freddo, giusto per confonderlo un po'.

Getti freddi

- Durante un appuntamento a cena, prima di ordinare, chiedetegli consiglio sul cibo. Quando vi dice quello che pensa dovreste scegliere, ringraziatelo per la buona idea. Poi, quando il cameriere arriva, scegliete qualcos'altro.
- Non rispondete al suo messaggio di ringraziamento per "la bella serata" prima di due giorni. Ignorate tutte le chiamate e i messaggi che vi manderà nel frattempo. (Parlo sul serio. Non scrivetegli assolutamente niente. Questo lo farà sudare freddo, mentre si domanda in cosa ha sbagliato, che cos'ha detto di male e se riuscirà *mai* a vedervi nude.)
- Quando lo richiamate, non scusatevi per il ritardo. Ditegli solo "ciao".
- Quando vi suggerisce la data per un altro appuntamento, rispondetegli che siete già impegnate. Fatelo aspettare per un giorno mentre controllate la vostra agenda. Poi chiamatelo durante le ore di ufficio, quando sapete che sarà troppo impegnato per rispondere, e lasciategli un messaggio soave, ma breve, nel quale gli dite quando siete libere di vederlo.
- Nei primi appuntamenti di "qualificazione" tagliate corto. Andatevene lasciandolo a desiderare di avervi avute per sé per più tempo e a domandarsi dove state andando senza di lui.
- Quando cerca di baciarvi (pazzo di desiderio per la vostra civettuola tecnica di mordicchiamento del labbro), fermatelo (se non siete già arrivate al terzo appuntamento).
- Se cerca di appoggiarvi le mani sui fianchi (prima che

siano trascorsi i tre mesi di appuntamenti) allontanategliele con un buffetto malizioso e ditegli: «Non stasera».

- Se vi compra un regalino (per esempio perché è San Valentino o Pasqua, o in un qualunque altro giorno semplicemente perché pensa che siete favolose) ditegli un "grazie" dolcissimo, ma non comprategli niente in cambio.
- Uscite per un appuntamento con qualcun altro. (In questo stadio iniziale non avete motivo di concedere l'esclusiva.)
- Se sapete che sbircia nel vostro telefonino, cancellate tutti i messaggi "inviati" che suonino anche solo vagamente di elogio nei suoi confronti e cancellate tutti quelli che vi ha mandato lui.
- Mantenete attiva qualsiasi iscrizione ai siti di incontri personali su internet e ogni tanto accedetevi. Per vedere cosa c'è di nuovo.
- Almeno una volta al mese spegnete completamente il telefonino per una giornata intera. Fatevi un lungo bagno e non rispondete al campanello. Impazzirà per scoprire dove siete finite.

Ovviamente, se non fate attenzione, potreste esagerare con un getto d'acqua troppo forte. Non importa quanto siate meravigliose, le azioni che seguono, vi elimineranno dalla partita romantica che state giocando. Consideratele alla stregua di carte che valgono meno un milione di punti. Dovrete essere davvero molto fortunate e darvi un sacco da fare con le altre carte per un arco di tempo lunghissimo per neutralizzare questi errori.

Getti da “idrante”

- Trascorrere il tempo lamentandovi di come vi hanno trattate male i vostri ex. Così gli state solo dimostrando che non siete ancora pronte per far entrare un uomo nuovo nella vostra vita.
- Rispondere al telefono durante un appuntamento e strillare alle vostre amiche: «Sono fuori con *lui*!».
- Chiamarlo ripetutamente al telefono. Gli inviate un messaggio, non ricevete una risposta in giornata, andate nel panico e pensate: “E se fosse caduto in un pozzo?”. Allora lo richiamate, vi risponde la segreteria telefonica e voi lasciate un messaggio. Nessuna risposta. Così chiamate ancora, e ancora... Santo cielo. Limitatevi al primo messaggio. Se non risponde passate a qualcun altro!
- Parlare degli exploit sessuali con i vostri ex. Okay, probabilmente avrà già capito che non siete vergini, ma non c’è bisogno di dirlo chiaro e tondo.
- Ubriacarsi. Ragazzacce! Se dovete bere tanto, almeno accertatevi sempre di bere meno di lui. Farfugliare per tutto un appuntamento non è molto attraente.
- Ordinare le voci più costose del menu, come ostriche e champagne, senza essere state invitate a farlo. Se è lui a suggerirlo, okay, ma non è il caso di mandare in bancarotta quel poveretto.
- Farsi venire un attacco di nervi o un crollo emotivo. Così lo farete scappare a gambe levate, mie care. Le lacrime sono del tutto inaccettabili durante i primi appuntamenti. Vi vedrà come una donna fragile e spossante.

- Chiamarlo il vostro "ragazzo" quando siete solo all'appuntamento numero due.
- Lasciare il vostro spazzolino nel suo bagno senza permesso. (Un atto che denuncia una forte possessività. Tenetevelo nella borsetta, invece.)
- Indicare gli anelli di diamanti nelle vetrine delle gioiellerie mentre passeggiate. Dio mio, donne! Cosa state combinando? Imperdonabile!
- Fare sesso al primo appuntamento. Be', questa è una carta da meno tre milioni di punti. Ve l'ho già detto. Dubito che lo rivedrete ancora, piccole sconsiderate.

Chi dovreste lasciar perdere?

Potreste venire scaricate a causa di una qualunque delle voci del piccolo elenco precedente. Ma ovviamente, la decisione di continuare a vedersi non dipende solo e soltanto da lui.

Se quell'uomo non va abbastanza bene, mollatelo. Non sentitevi grate che sia disposto a uscire con voi. Ricordate, vi meritate qualcuno di favoloso. Non avete tempo di frequentare dei perdenti.

Trovare un buon partner è come cercare un lavoro. Non perdereste tempo rispondendo a ogni singola offerta stampata sugli annunci economici, vero? Non avreste tempo di fare colloqui con ogni singolo datore di lavoro; vi concentrereste solo sui lavori adatti alle vostre capacità, con delle prospettive e che vi garantiscano una certa stabilità. Lo stesso vale per gli appuntamenti. Uscite solo con uomini per bene. Imparate a riconoscere e a evitare i perdenti, gli scocciatori e gli egomaniaci, per non parlare dei probabili alcolizzati, giocatori d'azzardo e i consumatori di droghe leggere. Concentratevi su quelli che riescono a formulare una frase di senso compiuto e che sembrano intelligenti e genuinamente interessati.

Siate selettive. Questa è una scelta che dura una vita. Anche se vi piace veramente, anche se è bello da impazzire, se non è quello giusto, lasciatelo!

Come diceva mia nonna, non si possono recuperare le "uova marce".

Uomini da evitare come la peste

- Gli uomini senza ambizioni

Se sareste felici di trascorrere i vostri giorni in romantica povertà, allora forse questo avvertimento per voi non vale. Ma penso che convenga riflettere sul futuro e non c'è niente di male nell'indagare un po' sulle prospettive degli uomini. Chiedete che macchina desiderano, dove vorrebbero vivere, dove sono stati in vacanza. Se sono studenti, chiedete dove e cosa stanno studiando. Riconoscete e accantonate quelli che non stanno andando da nessuna parte. Gli artisti possono essere soggetti molto romantici, fantastici da frequentare, ma tutto questo romanticismo può cominciare a mostrare la corda se voi finite con il lavorare a tutte le ore del giorno per pagare le bollette mentre loro se ne stanno seduti sul divano, sognando a occhi aperti di venire scoperti.

• Gli uomini sposati

Un sacco di uomini, all'inizio, non avvisano di essere sposati. Sperano di prendervi nella rete con qualche appuntamento prima di lasciarvi cadere in testa la loro piccola bomba. O forse ignorano semplicemente il fatto di avere già una moglie e continuano comunque a flirtare con le altre. Ma volete davvero uscire con loro? Certo, potete sempre *rubare* un uomo a sua moglie, o a una partner consolidata, ma pensateci su... Avete davvero gli attributi per farlo? Una mia amica dell'università aveva sedotto un uomo sposato e lo aveva portato via a sua moglie. Ma poi, l'intero dipartimento ne era venuto a conoscenza. Era stata ribattezzata una mangiauomini, una sfasciafamiglie; si sparlava di lei tutto il tempo. Lei non è riuscita a sopportare la pressione dei pettegolezzi e la reazione degli studenti. E la relazione è naufragata.

Ragazze, state alla larga dagli uomini sposati. Credo che un uomo con una fidanzata occasionale sia una partita onesta. Se non si è ancora impegnato con lei avete una possibilità: in amore e in guerra tutto è lecito. Ma una volta che le ha infilato l'anello al dito, lasciate perdere. Primo, vi tirereste addosso la pressione di tutti quei pettegolezzi. Secondo, se tradisce lei, probabilmente tradirà anche voi. E terzo, la sua ex potrebbe essere un'esperta di bambole voodoo e causarvi un sacco di guai per averle rubato l'uomo.

• Gli uomini noiosi

Un uomo può essere ricco e bello, ma riesce a eccitarvi? Chiedetevi se avrete davvero lo stomaco di svegliarvi accanto a lui per i prossimi vent'anni. Immaginatevi di diventare vecchi e di fissarvi reciprocamente riflessi nello schermo del televisore. Avete bisogno di un uomo avventuroso, il cui spirito non invecchia con l'età. Se avrete accanto un uomo depresso e noioso, vi deprimerete anche voi. Se troverete qualcuno pieno di entusiasmo per la vita, anche voi vi sentirete entusiaste.

- Gli uomini avari

Che senso ha stare con un uomo avaro e meschino? Se si comportano in modo gretto a un appuntamento, significa che saranno gretti anche con i sentimenti. Un uomo può non essere ricco, ma ciò non significa che non possa fare uno sforzo. Con dieci euro si può comprare un delizioso cestino da picnic e fare una passeggiata lungo il fiume. Se se ne sta lì seduto a mettere da parte i buoni sconto per due pasti al prezzo di uno e a contare gli spiccioli, allora, mie care, state andando incontro a una vita meschina. La mia adorata nonna e il suo (secondo) marito hanno speso tutto quello che avevano in pellicce, gioielli, esperienze di vita costose, vacanze fantastiche e un matrimonio pieno di ricordi. Ecco come dovreste vivere con il vostro uomo. Il motto della nonna era che anche se hai speso tutti i soldi, quando te ne vai, ai tuoi cari puoi sempre lasciare i diamanti!

- Gli imbroglioni

Si riconosce subito il tipo. Cercherà di venire a letto con voi dopo il primo appuntamento. Guarderà le altre mentre è fuori con voi. Vi chiederà cosa ne pensate delle relazioni aperte. È un uomo tanto prevedibile quanto l'ingresso di Amy Winehouse in un centro di riabilitazione. Vi tradirà. E se un uomo dovesse tradirvi, mollatelo. Non credo nelle seconde occasioni. Se va a letto con qualcun altro mentre viene a letto con voi, disfatevene. Credo fermamente che quando un bicchiere di vetro si rompe, non si possa incollarlo di nuovo insieme. Una cosa del genere avvelenerebbe tutto il resto della vostra vita con lui. Le cose non saranno più le stesse. Diteglielo: «Gattina sbagliata, Mr. Bond!».

- Lo scapolo/narcisista malefico

Questo è quello che vi invia sempre un messaggio all'ultimo minuto dicendo: «Mi spiace piccola, non faccio in tempo». Piccola? Come osa? A meno che non abbia una scusa dannatamente buona, disfatevene. Altrimenti finirete con il chiedervi in continuazione: «Cosa c'è che non va in me?». Invece, la domanda che dovreste farvi è: «Cosa c'è che non va in lui?». E la soluzione al problema è mollarlo.

- Il tipo geloso

Se cercherà di controllarvi, se sarà costantemente e immotivatamente sospettoso, avvelenerà la vostra relazione. Questo uomo, a poco a poco, vi strangolerà, limitando voi, la vostra personalità e la vostra libertà. Gli uomini gelosi sono una seccatura. Okay, un po' di possessività maschile va bene: significa che è interessato e il suo istinto gli suggerisce di mantenere e proteggere il suo ruolo al vostro fianco. Ma volete davvero vivere la vostra vita invischiate in un ménage à trois: voi, lui e la sua paranoia? Prendete posizione subito. Se il suo atteggiamento accende una luce rossa nella vostra mente, o se è lui stesso a raccontarvi del suo atteggiamento geloso e possessivo nei confronti di una ex, mollatelo.

- I bevitori

Io non bevo, perciò sono abbastanza sobrio da vedere quanti danni l'alcol può provocare in una relazione. Il vostro uomo si scola regolarmente un bicchiere dietro l'altro ogni volta che uscite? Non riesce a controllare quanto beve? È in grado di sopravvivere per tutto un appuntamento senza entrare in un bar? Non sto dicendo che non dovete uscire con un uomo che sa godersi una birra, ma fate caso se la sua personalità viene alterata dall'alcol. Diventa scortese e offensivo nei vostri confronti? Fa cose stupide come cercare di guidare? Condividere una bottiglia di vino va bene, ma volete davvero trascorrere il resto della vostra vita prendendovi cura di un rottame in coma? Se le sue abitudini alcoliche vi preoccupano, allora lasciatelo. Se si comporta male con voi, uscite dal locale immediatamente e tornate a casa da sole. E dimenticatevelo.

- Gli esibizionisti

Attenzione all'iper estroverso che ama fare sfoggio delle sue conoscenze! Cercate di capire se è solo nervoso e sta tentando di impressionarvi o se è un seccante sbruffone esibizionista. Chi ha l'ossessione di farsi vedere nel posto giusto con le persone giuste, di solito tende ad avere una personalità simile ai set cinematografici: una facciata di grande effetto, con dietro un sacco di fragile compensato.

Ecco classificati tutti i perdenti. Ora, se un uomo supera tutti questi test, e voi, dopo tre mesi, pensate ancora che sia Mr. Meraviglioso, allora ho una notizia favolosa per voi.

Adesso potete fare sesso, voi piccole fortunelle.

QUARTA PARTE

Come trattarlo male quando (finalmente) fate sesso con lui

«Né donna né tela a lume di candela.»

ANTICO PROVERBIO

Ragazze, questa è la prima volta che lui vede
da vicino la sua donna e le sue lenzuola.
Approfittiamo del lume di candela più tenue e delle astuzie
più sottili.

GERRY

La mise en place

Spero che abbiate atteso tre mesi prima di seguire i consigli di questo capitolo. (Ricordate cosa ho detto di quelle ragazze che danno retta a *Debrett's*.) Il nostro uomo dovrebbe essere ormai finito nella rete, legato emotivamente a voi, e dovrebbe aver lavorato sodo per arrivare fino a questo punto. Voi dovreste essere convinte che è il vostro Mr. Perfezione. Ha superato tutti i test. È speciale.

Se potete rispondere sì, allora, mie piccole fortunate mammut, potete *finalmente* avere il vostro cavernicolo. Potete fare sesso con lui.

Visto che lo avete fatto aspettare così a lungo, che sia una notte da ricordare. Ragazze, è fondamentale. Non prendete questo consiglio sottogamba (il doppio senso non era premeditato). Se volete essere certe che sarà una strepitosa performance da prima notte, allora la preparazione è tutto.

Torniamo alla teoria della *mise en place*: vogliamo che tutti gli ingredienti siano perfettamente pronti per la grande notte. Il trucco è organizzarsi in anticipo, ma fingere che sia tutto spontaneo. Voi dovreste apparire come una dea del sesso naturale.

Biancheria intima

Primo, cosa indossare. Cominciamo dalle mutandine. Mio Dio, ho sentito certe storie dell'orrore dai miei amici eterosessuali! Un poveretto ha davvero portato a letto una ragazza che indossava mutandine e calzettoni con stampato il giorno della settimana. Se l'è trovata seduta sul letto con LUNEDÌ scritto a caratteri cubitali sul didietro. Tutt'altro che eccitante. L'ha mollata ancora prima che potesse fargli vedere MARTEDÌ. Un'altra si è presentata con un paio di slip con una taschina interna per i preservativi. Armata e pronta a fare fuoco, ma così poco di classe. E poi ci sono quelle che pensano che vada bene presentarsi con addosso i fidati Spanx Pants. Che cosa *diavolo* passa loro per la testa? Sì, con addosso i vestiti quei grandi mutandoni della nonna sono fantastici, ma mi è stato detto che è quasi impossibile sfilarli e una vasta distesa di Lycra contenitiva color carne non è di certo la vista più eccitante.

In seguito, avrete tempo e modo di farvi vedere nella vostra biancheria più comoda. Ma prima lasciate che lui vi regali un anello di fidanzamento. Non permettete che veda le vostre mutandine dell'orrore in questo stadio iniziale.

Se avete bisogno di un po' di aiuto in zona vita e pancia, optate per un corsetto. So che non sono comodi, ma vi donano un aspetto fantastico, vi costringono a sedere e camminare in modo sexy e il vostro uomo lo apprezzerà.

E non indossate collant. Sarebbe una vera doccia fredda per lui averlo costretto ad aspettare tre mesi per spogliarvi per poi fargli trovare sotto un paio di 90 denari smagliate.

Concedetevi un completo davvero fantastico di biancheria intima di seta, che vi faccia sentire e apparire strepitose. Ogni donna dovrebbe averne almeno uno adatto per ogni occasione speciale. Se potete permettervelo, una capatina da Coco de Mer, Agent Provocateur o La Perla ne vale la spesa. Risparmiate o chiedete alle vostre amiche di mettersi insieme e regalarvi un completo per il vostro compleanno. Non costerà loro che l'equivalente di qualche giro di bicchieri al bar. Se ve ne prenderete cura e lo laverete a mano, durerà. Ed è un fantastico investimento per la vostra vita sessuale. Inoltre, offrirà al vostro uomo qualche spunto di riflessione, così che la prossima volta che andrà a fare acquisti, sceglierà dei deliziosi articoli in seta, non un economico perizoma di nylon.

Ceretta

I peli. Questo sì che è importante. Quando vi dico di comportarvi come un mammut, intendo nel senso di lasciarvi dare la caccia. Non che accettiate consigli di bellezza da quei bestioni pelosi. Come ho già detto prima, gli uomini si lamentano con me dei vostri peli, signore, e mi spiace, ma quando si parla di fare sesso per la prima volta, ci sono cose che fanno perdere un po' lo slancio.

Primo, le gambe. Ci sono molte di voi, lì fuori, che si

radono dal ginocchio in giù una volta alla settimana e sperano che basti, giusto? Siate un po' più scrupolose, ragazze. Datevi un'occhiata allo specchio e domandatevi cosa c'è da fare. Ho sentito storie di pance pelose, cosce pelose, perfino capezzoli pelosi. E si sarebbe potuto sistemare tutto con una pinzetta o una visita al salone di bellezza per una ceretta completa alle gambe e all'inguine e un rapido esame con lo specchio ingrandente alla ricerca di ogni germoglio briccone.

Sì, so che sono operazioni dolorose, ma una pelle setosa e depilata è meravigliosa alla vista e al tatto. Gli uomini lo apprezzeranno perché è così diversa da quella pelosa che abbiamo noi. Mandate giù un paio di antidolorifici e buttatevi. Ricordate però, che tutto dovrebbe sembrare naturale. Una ceretta brasiliana è sempre molto apprezzata dagli uomini con cui parlo, ma non chiedete che per completare l'opera vi disegnino le sue iniziali con delle perline. Se non riuscite davvero ad affrontare il dolore di una striscia di ceretta, allora portate a termine il lavoro con l'aiuto di una crema depilatoria o di un rasoio. Ricordatevi solo di non lasciare la schiuma da barba o la confezione di Veet in vista nel vostro bagno. Non è sexy. E non entrate nei dettagli di quanto sia stato doloroso farsi estirpare tutti i peli. Il trucco è fingere che questo risultato si raggiunga molto naturalmente.

Autoabbronzanti

Attenzione. Molte marche possono lasciarvi addosso un odore di biscotti bruciati e disegnare strane strisce marroni sulle lenzuola e sugli asciugamani. O ve li spruzzate un paio di giorni prima, o assicuratevi di avere fatto il letto con delle lenzuola scure.

Il vostro corpo

Si spera che, se avete aspettato come vi ho detto di fare io, abbiate avuto un sacco di tempo per frequentare la palestra e adesso siate più in forma che mai. Ma non preoccupatevi di ogni minimo bozzo o protuberanza. Fidatevi, il vostro uomo è di là che vi aspetta. Non pensa ad altro che venire a letto con voi da tre mesi. Non si farà fermare da un paio di cosce meno che perfette. Inoltre, qualche curva è l'ideale a letto. Vi fa apparire più morbida. Nessuno vuole dormire con una Barbie di plastica dura come un sasso. Se una donna ha un corpo tutto muscoli e perfezione, fa pensare a una persona con una personalità un po' nevrotica.

Non preoccupatevi nemmeno per la cellulite. Anche gli uomini ce l'hanno, solo che noi abbiamo anche dei peli che la nascondono sia sulle cosce sia sul sedere. (Voi però non cercate di coprire la *vostra* cellulite lasciando crescere i peli delle gambe: non fa un bell'effetto.)

E non dimenticatevi che anche gli uomini sono insicuri del proprio corpo. Io, per esempio, ho la pancia un po' tonda. Per me è disgustosa, ma gli altri mi dicono che la trovano carina.

Il vostro corpo è pronto. Ora sistemiamo la vostra casa.

Nascondere l'evidenza

Se avete in programma di mettere in atto la grande seduzione a casa vostra, allora prima fate un giro di ricognizione. Cercate di non lasciare migliaia di flaconi di creme e lozioni in mostra. Altrimenti lui avrà una visione di voi che gli sommergete l'appartamento. Lasciate sulla mensola solo un paio di deliziosi docciaschiuma o creme per il corpo. I kit per decolorare i baffetti, le creme contro i brufoli o l'anticellulite dovrebbero venire relegati in fondo a un armadietto.

Ci sono tracce di ex? Lettere, abiti, fotografie? Spazzolini di scorta? Peluche? Queste cose portano via spazio emozionale oltre che fisico. Liberatevene. Non vorrete che pensi che nel vostro appartamento c'è un continuo viavai di uomini.

Preparate la musica

La buona musica è fondamentale per creare l'atmosfera giusta per la vostra grande notte, ma, di nuovo, dovete far sembrare tutto molto spontaneo. Esaminate la vostra collezione di cd e scegliete quelli più femminili. Pensate a Nina Simone, Ella Fitzgerald, le grandi dive del jazz. Se avete un iPod potete creare la vostra scaletta personale di musica seducente da far partire con noncuranza non appena mettete piede in casa. Altrimenti, tenete a portata di mano una pila di cd adatti. Le voci di queste donne favolose vi aiuteranno a sedurre il vostro uomo e ad assorbire un po' del loro magnetismo.

Evitate i cantanti però. Volete che il vostro uomo si concentri sul lavoro che deve prendere in mano (voi). Se di punto in bianco cominciate a venirvene fuori con Frank Sinatra, Barry White o Dean Martin, potrebbe provare la sensazione di non saper competere con questi grandi seduttori.

E fate attenzione ai testi. Etta James che gorgheggia: «Voglio solo fare l'amore con te» suona piuttosto carino, ma sentire in sottofondo: «It's raining men. Hallelujah!» rovinerebbe un po' le cose.

La vostra camera da letto

Come ho detto in precedenza, la luce delle candele è uno strumento di conquista essenziale, perché nasconde una gran quantità di difetti. Mette davvero in risalto i lineamenti. Io la uso ogni volta che voglio indurre qualcuno a pensare che ho un fisico perfetto.

Tenete delle candele pronte in tutta la casa e, in particolare, nei paraggi della camera da letto. Lasciate intendere che ve ne state distese a rilassarvi a lume di candela tutte le sere. (Ma tenetele lontane dalle tende e dalle lenzuola, ragazze: vogliamo accendere le fiamme della passione, non appiccare un incendio vero.)

E fate anche in modo che il vostro appartamento abbia un buon profumo. Prima di uscire per la serata, lasciate cadere qualche goccia di olio essenziale di gelsomino o patchouli in un diffusore per l'aromaterapia o su un pezzo di tessuto appoggiato sopra un calorifero, così che la vostra casa profumi meravigliosamente.

E cambiate le lenzuola. Okay, anche io sono come voi: non sempre ho nel letto delle lenzuola pulite. Ma ce le metterei, se sapessi che quella sera ci si infilerà un uomo. Usate delle belle lenzuola profumate di ammorbidente, che faranno apparire il vostro letto pulito e croccante.

Oh, e una sciarpa di seta drappeggiata con noncuranza nelle vicinanze del letto è sempre un dettaglio vincente. Diversi amici uomini, il mattino dopo, mi hanno raccontato con un gran sorriso di *quel* giochetto. (Non una sciarpa di lana, attenzione! Bendare gli occhi e legare i polsi non funziona altrettanto bene con l'angora.)

Ora, non ho intenzione di spiegarvi proprio tutto. Questo non è un libro sul sesso, dopotutto. Se avete bisogno di consigli, comprate *La Gioia del Sesso* (anche se, onestamente, guardando alcune delle illustrazioni, avrebbero dovuto essere un po' più scrupolosi per quanto riguarda le cerette).

Non pensate di dover mettere in piedi uno spettacolo, conversare spudoratamente di sesso, aggrapparvi alle travi o sorprenderlo con il vostro repertorio sessuale. Non siete una pornostar. Divertitevi. Ricordate, ormai il vostro uomo è preso all'amo, perciò questa sarà la prima di tante volte in cui farete l'amore insieme. In futuro potrete mettere in scena una sequenza di *Emmanuelle*, sperimentare il *Kamasutra* e giocare al dottore e all'infermiera per ore.

Lo avete fatto aspettare e adesso vi vuole. Fidatevi, questa sarà una grande serata. Perciò non preoccupatevi. Infilatevi le mutandine più belle e godetevi il momento in cui ve le sfilerete.

Fate l'amore, non il caffè

Adesso due parole di avvertimento, ragazze. Dopo questa prima notte di passione, il vostro cervello sarà inondato di ormoni. Fatemi indovinare: state sognando un matrimonio, pensate ai bambini perfetti che avrete e a una vita di amore insieme.

Non potete evitarlo. È una reazione chimica. Le donne reagiscono al sesso in modo diverso dagli uomini. Nelle donne il sesso rilascia ossitocina, il cosiddetto ormone "del buonumore". Vi girerete a guardare il vostro uomo e proverete un legame sentimentale (anche se prima pensavate segretamente che fosse un po' bruttino). Vi sentirete legate. Innamorate. Trascorrerete il giorno successivo a fissare il cellulare in attesa che lui vi chiami e si dichiari!

Calma! È essenziale che vi ricordiate che è tutto frutto di una reazione chimica nel vostro cervello. È un'illusione. Un trucco del corpo pensato per legarvi a quell'uomo. Il sesso aumenterà il vostro battito cardiaco, vi dilaterà le pupille e produrrà in voi una potente, smisurata sensazione di euforia. È il modo in cui il corpo si accerta che vi giriate verso il vostro uomo e pensiate che è Quello Giusto. Tutto molto carino, molto appassionante ed esaltante. *Ma* vi rende anche molto vulnerabili.

Il pericolo, a questo punto, è che diventiate uno zerbino innamorato. Ricordatevi: *lui non viene travolto dalla stessa ondata di ormoni.* Sapete che si è invaghito di voi perché vi è stato dietro per tre mesi, ma questa relazione è tutt'altro che fatta. Dovete tenerlo sulle spine. Dovete continuare a giocare sporco!

Pensate ancora al mammut. Il cacciatore cavernicolo smette di correre quando ha catturato la sua preda. Sì, lui vi ha catturate per una notte, ma voi dovete essere certe che continui a correre e che sappia che il gioco non è ancora finito.

So che vivete dentro una piccola bolla d'amore, ma

adesso che siete "intimi" non giratevi sul dorso, consegnandogli la vostra vita. Certo che è bello che si possa fermare tutta la notte per coccolarvi; la vostra relazione si è spostata a un livello completamente nuovo. Ma dovete continuare a fare giochetti. Così lui si renderà conto che il tempo che trascorre con voi è molto importante e che deve cominciare a pensare a un modo per essere certo che quello che gli sta accadendo continui ad accadere.

Perciò, sigillate quei sentimenti con un coperchio e continuate a giocare.

Cominciamo dal mattino dopo. Quando vi svegliate, non mettetevi subito a cucinare una colazione di tre portate per dimostrargli che lo amate. Invece, lasciate che sia lui a occuparsi di voi! Sorridete dolcemente. Ditegli che volete che si senta come a casa sua, e che può servirsi da solo in cucina. (In altre parole, non è che farebbe lui il caffè?)

Ripensate alla tecnica della doccia scozzese. Certo che voglio che siate deliziose e adorabili con il vostro uomo: adesso divide il letto con voi. Ma dovete mantenere un certo equilibrio per dimostrargli che siete una donna favolosa e indipendente, alla quale bisogna continuare a dare la caccia. Provate con uno di questi vecchi trucchetti:

- Non rispondete immediatamente a quei messaggi postsesso. Fatelo aspettare. Due ore almeno. Meglio un giorno intero.
- Non chiedete *mai*: «Mi ami?». Una mia amica, Emily, pensava fosse carino dire al suo nuovo uomo: «Sai,

penso che mi sto innamorando di te» dopo solo pochi appuntamenti. Voleva dimostrare affetto, ma tutti gli uomini la mollavano pensando (a) che fosse disperata e (b) che le mancassero due venerdì.

- Non siate disponibili sette giorni su sette, ventiquattr'ore su ventiquattro. L'ultima cosa che volete è che vi dia per scontate. Non abbiate paura di dedicarvi ai vostri amici. Abbiate sempre tempo per loro. Dite al vostro nuovo uomo: «Ho altri programmi per questa sera» e uscite con loro invece che con lui. In questo modo capirà che la vostra vita non gli ruota attorno. Io ho appena fatto aspettare la mia piccola cavia umana tre giorni prima di chiamarlo per dirgli che non posso uscire con lui. Credetemi, non gli fa che bene.
- Se siete dovute partire per un viaggio, non fate capire platealmente che vi stavate struggendo per lui. Ditegli: «Mi sono divertita così tanto che non mi sono neanche accorta del tempo che passava. Ma è bello essere di nuovo qui con te». Ed è assolutamente proibito lasciarsi scappare «mi sei mancato» (a meno che la vostra relazione non sia già consolidata, con tanto di bambini, casa in comune e tutto il resto).
- *Non* condividete tutti i vostri problemi personali. Okay, chiunque ha dei problemi – finanziari, familiari, lavorativi – ma se provate la tentazione di chiamarlo per sfogarvi con lui, *rimettete giù quel telefono!* Certo che può venire la voglia di farlo, soprattutto se siete single da un po', ma nelle fasi iniziali sono cose noiose da stare ad ascoltare e voi non volete certo dare l'impressione sbagliata. Chiamate le vostre amiche

e annoiate loro. Vi conoscono, vi vogliono bene; è per questo che esistono le amiche!

- Non parlate dei vostri ex. (Non smetterò di ripeterlo fino a quando non rimarrà stampato in quelle vostre piccole cellule grigie!) Okay, sa che non siete vergine, ma non c'è nessun bisogno di fornirgli tutti i dettagli.
- E non parlate nemmeno delle sue, di ex. Quando siete nel suo letto, dovrebbe pensare solo a voi.
- Non presentatelo a tutti i vostri amici troppo presto. Potrebbe sentirsi una specie di trofeo esibito a tutto il vostro giro. Due mesi di frequentazione seria dovrebbero essere sufficienti.
- Non ignoratelo se quando uscite ci sono anche altre ragazze. Gli uomini si sono lamentati con me del fatto che, quando escono in coppia, le donne spettegolano insieme tutto il tempo come Statler e Waldorf, i due vecchietti nella balconata del *Muppet Show*. Tenete da parte i pettegolezzi per le serate tutte al femminile.
- Non mettetelo a parte di tutti i dettagli di ogni singola spedizione di shopping. A voi piacerà anche ammirare la vostra nuova borsa di Gucci e il cellulare incrostato di Swarovski, ma lui rimarrà pietrificato al pensiero dei futuri estratti conto della sua American Express.
- Se San Valentino questa volta cade all'inizio di una relazione, non comprategli un regalo e non speditegli un biglietto di auguri. Ovviamente, *lui* dovrebbe farvi recapitare dei fiori e piccole missive. Un regalo, invece, a meno che la relazione non sia ben consolidata, è un gesto troppo possessivo.

- Con i vostri amici, non cominciate a parlare in termini di "noi" o a comprare i regali per loro insieme a lui.
- Non iniziate a discutere sui possibili nomi dei vostri figli.
- A meno che non vi inviti lui a farlo, non lasciate niente a casa sua, come uno spazzolino da denti o dei vestiti.
- Giocate d'astuzia per farlo ingelosire. Un biglietto di San Valentino che vi siete spedite da sole non è un brutto modo per fargli suonare un campanello d'allarme in testa. Dite che non avete idea di chi ve lo ha spedito; anzi, eravate convinte che fosse stato lui!
- L'ho già detto in precedenza: *spegnete quel telefonino*. Scomparite per un giorno. Tenetelo sul chi va là e costringetelo a domandarsi dove siete finite. E con chi. Anche se in realtà state guardando *Sex and the City* da sole.

Come strapazzare un uomo non è l'unico trucco che dovete imparare in questa fase. Ma anche come affrontare i suoi amici e la sua famiglia.

I suoi amici e la sua famiglia

I suoi migliori amici

Attente ad alcuni dei suoi migliori amici, specialmente se sono insoddisfatti della loro vita sentimentale.

Naturalmente il mio potrebbe essere un giudizio sbagliato. Potrebbero essere super amici, felici che lui abbia finalmente trovato qualcuno. Ma nella maggior parte dei casi, il mio consiglio è di stare all'erta.

Il problema con gli amici single è che vogliono continuare ad avere il vostro uomo tutto per loro. Gli uomini single non vogliono che il loro amico trovi una ragazza. Vogliono che continui a uscire con loro, a giocare insieme alla Xbox e a lamentarsi delle donne. E nemmeno le donne single vogliono che il loro amico single si accoppi, perché vogliono avere qualcuno che le scorti in giro la sera.

Non sottovalutate queste persone: l'influenza che esercitano su di lui è immensa e potente. E possono facilmente stroncare sul nascere la vostra storia d'amore. Non occorre altro che una partita di calcio con i ragazzi e uno che lascia cadere casualmente un: «Non è il mio tipo, ma sono contento che tu sia felice» (traduzione: «Puoi fare di meglio, amico») ed è finita.

Un trucco utile con queste persone è fingere sempre che vi piacciano. Evitate a tutti i costi di criticarle. Dite al vostro uomo che trovate i suoi amici spiritosi e fantastici. Anche se le sue amiche non potrebbero essere più antipatiche, non criticatele mai e poi mai. Fate il contrario. Lodatele. (Avanti, stringete i denti e fatelo!)

Otterrete così due vantaggi. Primo, lui riferirà il messaggio e se hanno sparlato di voi si sentiranno in colpa e cominceranno a comportarsi più gentilmente. E secondo, se andranno in giro a parlare male di voi, lui penserà: "Oh, che gruppo di stronzi. La mia ragazza è stata così carina con loro".

Voi, invece, tornatevene a casa e sparlate di tutti con le vostre amiche.

Sua madre

C'è una scuola di pensiero che sostiene che gli uomini qualche volta cercano inconsciamente una versione più giovane della madre, ma non tentate di trasformarvi in un suo clone. Non volete davvero che pensi a voi nello stesso modo in cui pensa a una donna che è trent'anni più vecchia e che una volta gli cambiava i pannolini, giusto?

Come per i suoi amici, non sparlate mai, mai di sua madre, o di nessun altro della sua famiglia, se per questo. (Davanti a lui, intendo. Alle sue spalle, con i vostri amici, potete dire quello che volete.) E se lui stesso comincia a criticare la sua famiglia, annuite comprensive, ma non partecipate. Ricordate che qualsiasi cosa direte, un giorno potrebbe arrivare fino a loro. L'ultima cosa di cui avete bisogno è di una suocera inviperita.

La ex

Quella stronza non vuole proprio farsi da parte? Questa è una situazione un po' complicata. Se hanno avuto dei bambini, allora mi spiace, ma non potete fare altro che imparare a sopportarla. Ma se invece aleggia nell'aria come un cattivo odore per abitudine, allora dovrete imparare a giocare sporco per liberarvi di lei.

Prima di tutto, quando c'è di mezzo la sua ex, mai tradire alcun segno di gelosia, fastidio o possessività. Anche se la odiate, ricordate che lei è la ex. Fra loro è finita. Voi siete il presente. Non dovete sentirvi insicure o pensare di dover entrare in competizione. Con tutta probabilità lei è gelosa di voi, perché siete voi a scaldarvi sotto le coperte con lui tutte le notti.

Siate gentili e ripetetevi che, prima o poi, quella misera piccola stronza sparirà, si farà una sua vita con un nuovo fidanzato.

Nel frattempo, cominciate a chiedere al vostro uomo, con tatto e casualmente, perché hanno rotto. Costringetelo a rinvangare tutti quei brutti ricordi a proposito dei loro litigi.

Poi annuite molto, assumete un'aria comprensiva e guardatelo sconvolte quando vi elenca tutti i suoi difetti. Ripetete spesso "Oh mio Dio!" in tono allibito e approvate di cuore la sua (senza dubbio completamente travisata) versione dei fatti. Inconsciamente, lui penserà che non le assomigliate per niente e che è stato molto fortunato a essere sopravvissuto a quella stronza psicotica del cavolo e ad aver trovato una persona così favolosa come voi.

Gli apparirete come la sua comprensiva metà, alla quale può confidare tutti i suoi problemi. In realtà, gli state facendo riconsiderare il tempo che ha trascorso con la sua ex. Gli state facendo comprendere che lei non è un'amica fidata con un passato di amante con la quale parlare e confidarsi. È una stronza antipatica che per anni ha seminato il terrore nella sua vita.

Ogni tanto accennate a come vi sentite fortunate di non essere più in contatto con il vostro ex. Che avete avuto la forza di andare avanti. Dite qualcosa tipo: «Una volta che lo specchio si rompe, non è più possibile aggiustarlo». Questo gli farà desiderare di essere come voi. Gli farà pensare che rimanere in contatto con la sua ex è un segno di debolezza.

Tutto questo suona davvero subdolo. Ma d'altra parte, anche lei non era altro che una piccola subdola stronza che gironzolava intorno al vostro uomo sparlandogli di voi, giusto?

Si dichiarerà?

«Mia madre racconta che quando sono nata non ho aperto gli occhi per otto giorni, ma quando l'ho fatto, la prima cosa che ho visto è stato un anello di fidanzamento. E ne sono rimasta conquistata.»

ELIZABETH TAYLOR

Non posso promettervi un Taylor-Burton,
ma se desiderate davvero quei diamanti,
cerchiamo di farvene ottenere almeno uno.

GERRY

Okay. Avete trovato il vostro Mr. Perfezione. Uscite insieme e siete felici. Per alcune di voi, è qui che dovrei lasciarvi: felici e contente nel vostro paradiso d'amore. Insieme a Mr. Perfezione. (Fino a quando non vi stancherete di lui e passerete a un altro Mr. Perfezione.) Congratulazioni, e non dimenticate di scrivermi una e-mail per raccontarmi tutto, così saprò che l'aumento di peso e una libreria deprimente ne sono valsi la pena.

Ma alcune ragazze mi dicono che vogliono assolutamente mettersi quella pietra al dito. Se la cosa dovesse valere anche per voi, lasciate che vi dia qualche consiglio su come trascinarlo lungo la navata.

Prima di tutto, assicuriamoci che siate l'unica. Certo,

se avete aspettato tre mesi come vi ho detto io, quando finalmente lo avrete portato a letto si sarà sentito impegnato solo con voi e nella vostra relazione.

Ma se non ce l'avete fatta a raggiungere questo traguardo e non siete sicure di essere l'unica ragazza che si porta a letto, chiedetegli qualcosa tipo: "Se qualcuno adesso ti invitasse fuori, tu ci andresti?".

Se risponde «Sì» o «Dipende» lasciatelo perdere. Si sta approfittando di voi. Ma se avete messo in pratica bene le mie regole per strapazzarlo, si spera che risponda: «No», al che voi sorriderete e replicherete: «Nemmeno io. Sono molto contenta di quello che ho».

Quindi adesso sapete di essere l'unica. Buon segno. Ora, se quello che volete è percorrere una navata vestite di bianco, cosa dovete fare?

Prima di tutto dovete continuare a usare i trucchi che vi ho elencato nei capitoli precedenti. A volte un uomo si dichiara nel giro di pochi mesi, ma mediamente direi che ci vogliono circa due anni.

Ecco alcuni segnali che indicano che potrebbe chiedervi di sposarlo:

- Avete conosciuto la sua famiglia e i suoi amici e tutti vi considerano una coppia. Se invece va sempre a trovare i suoi genitori da solo e voi non li avete mai incontrati, allora mi spiace ma ho paura che non siate Quella Giusta.
- I suoi amici sono sposati. Se lui ha fatto da testimone a uno dei matrimoni, questo è un eccellente segno. Se i suoi amici sono tutti single, questo è un pessimo segno. Perché non lo incoraggeranno certo a sistemarsi.

Una buona tecnica sperimentata da una mia amica è stata quella di incoraggiare il suo uomo a trascorrere alcune serate con i suoi amici felicemente sposati. Così ha bilanciato l'influenza negativa che avevano gli amici single.

- Se è già stato sposato, ha superato il trauma del divorzio e non continua a lamentarsi più di quell'incubo della sua prima moglie.
- Legge le pagine dei quotidiani dedicate ai viaggi e accenna a quelle che potrebbero essere le destinazioni più favolose per una luna di miele.

Questi sono tutti ottimi segni, ma se dopo due anni state ancora aspettando di vedere quella pietra, forse è il caso di darsi un po' più da fare. Un buon trucco è quello di lasciare cadere nella conversazione alcune frasi chiave. Cose come "Formiamo una grande squadra tu e io, vero?" o "Lavoriamo bene insieme". Questo dovrebbe suggerirgli che farebbe meglio a tenervi strette per tutta la vita.

Se le cose ancora non si smuovono, forse è il caso di cominciare a fare qualche giochetto. Se lui non ha mai accennato a comprare una casa insieme o dice frasi tipo "Non possiamo permetterci di sposarci" o sembra che continui a vivere la vita di un single, è necessario giocare un po' sporco.

Una tecnica sempre valida è quella di farlo ingelosire. Create un triangolo amoroso con un altro uomo che sta lottando per conquistare la vostra attenzione. Non preoccupatevi di cercare un altro spasimante, inventatevene uno voi. Cominciate a lasciar cadere il suo nome nelle conversazioni. Potrebbe chiamarsi Bruno o Nick; potrebbe essere un francese di nome Paul o un vichingo scandinavo alto e biondo che si chiama Olaf! Potete attribuirgli tutte le caratteristiche che volete. Se lui aspira a diventare un importante uomo d'affari, dite che questo nuovo uomo è l'amministratore di un'azienda. Se il vostro uomo è basso, raccontategli che il suo rivale è alto. Si preoccupa per il peso? Il suo rivale partecipa alle maratone. Dite che lo avete incontrato sul lavoro. Dite cose tipo: «Oh, continua a inviarmi e-mail e non so proprio come liberarmi di lui». Questo dovrebbe fargli scattare in testa un campanello d'allarme.

Ovviamente, vi sto solo consigliando di avere un uomo immaginario. Non traditelo con uno vero. Vi ricordate di Elena di Troia? Lasciò suo marito per correre dietro a Paride (o Orlando Bloom, se avete visto il film), ma questo scatenò la guerra di Troia *e* suo marito, prima di riportarla indietro, quasi la uccise a pugnalate. Meglio che l'altro uomo rimanga solo un frutto della vostra immaginazione, ragazze.

Okay, questo rivale d'amore non è altro che un fantasma, ma io sono decisamente favorevole alla gelosia. Funziona davvero. Va benissimo rendere un uomo un po' possessivo. Certo, è sleale, ma il fine giustifica i mezzi. E la colpa è sua, perché avrebbe dovuto dichiararsi.

Un altro trucco è continuare a scomparire. Andate in vacanza con "le ragazze" invece che con lui. Diventate improvvisamente più impegnate al lavoro. Questo genere di cose. Così lui vorrà stare di più con voi e si renderà conto che se non si dichiara, non ha nessuna garanzia di poterlo fare.

L'ultimatum conclusivo consiste nello sparire del tutto. Chiedetegli cosa prova quando pensa a voi due insieme. Se risponde che non è sicuro di volersi impegnare, o accampa delle scuse, allora sparite dalla circolazione. Se convivete, andatevene. Molto duro, lo so, e lui potrebbe non rincorrervi. Questo è il problema degli ultimatum: non sempre si ottiene la risposta desiderata. Ma se è il matrimonio che volete, questo è il modo migliore per indurlo a decidersi.

Una volta solo, può rendersi conto che ha bisogno di voi. In caso contrario, allora probabilmente non è mai stato il vostro Mr. Perfezione. Non perdete altro tempo. Ricordatevi che siete *voi* a strapazzare gli *uomini*, non il contrario. Avanti. Tornate al primo capitolo e ricominciate daccapo.

Sposate!

Se si dichiara, congratulazioni! Ma ragazze, dovete continuare a tenerlo sulla corda.

Prendete spunto dalle nostre piccole *ponirie* greche. C'è un passaggio della nostra cerimonia nuziale ortodossa dove il prete dice agli sposi: «La donna tema il suo uomo». A questo punto, tradizionalmente, la donna pesta i piedi all'uomo. Giusto per fargli capire chi comanda.

Ricordatevi, è la donna ad avere sempre il controllo. È lei che deve strapazzare il suo uomo fino a portarlo davanti all'altare. E quando voi dite: «Lo voglio», è lui che dovrebbe sentirsi grato.

Vita coniugale

E non pensate che avere un anello al dito significa che potete smettere di giocare sporco. Strapazzate sempre il vostro uomo. Mantenete sempre voi il controllo. Come dicono ne *Il mio grosso grasso matrimonio greco*, gli uomini credono sempre di essere alla testa della famiglia. Ma se loro sono la testa, la donna è il collo ed è lei a decidere in quale direzione la testa si gira.

Truccatevi, abbiate sempre un aspetto fantastico, seducetelo con il linguaggio del corpo, le parole e i gesti. Non sbronzatevi mai davanti a lui. Non piangete. Non lagnatevi. Non lamentatevi che lo amate e lui vi tratta come uno zerbino. Strapazzatelo fino a quando non sarete entrambi molto, molto vecchi. Utilizzate tutti i giorni la tecnica della doccia scozzese, anche quando sarete così decrepiti che a trovarvi verranno i vostri bis-bis-bis nipoti. Tenetelo sulla corda anche se cammina con un deambulatore. Non gli farà che bene.

Anzi, idealmente, l'unico giorno in cui potrete evitare di strapazzarlo, concedergli una pausa e confessargli che lo avete sempre amato, dirgli che è perfetto, che siete fortunate di stare insieme a lui e che avete trovato tutti questi consigli su un libro, è il giorno in cui siete assolutamente certe che sta per tirare le cuoia.

Epilogo

«Un ricco ateniese faceva un viaggio per mare assieme
ad altri passeggeri, quando si scatenò una terribile tempesta,
che rovesciò la nave. Mentre tutti gli altri nuotavano,
l'uomo si limitava a invocare senza sosta Atena
e a prometterle una quantità di offerte, se si fosse salvato.
"Oltre a chiedere l'aiuto della dea" gli disse allora uno
dei naufraghi, che nuotava accanto a lui,
"datti da fare anche tu a muovere le braccia!"»

IL NAUFRAGO E ATENA (Esopo, *Fiabe*)

Ragazze, io posso aiutarvi solo fino a qui.
Adesso siete voi che dovete darvi una mossa.
Cominciate a remare. Trovatevi un uomo.

GERRY

Mie care amiche single, io vi ho fornito le cartucce, ma adesso siete voi che dovete spararle. Rivoluzionate la vostra vita! Conquistate il vostro uomo!

Sì, lo so, mi sono trasformato di nuovo in Lenin. Ma sto parlando sul serio! Siate determinate, implacabili e non smettete di cercare.

Questi consigli funzionano. Ma dovete *metterli in pratica*, non leggerli e basta. Smettete di essere così gentili con i vostri uomini. A noi non piace. Non funziona.

Ricordatevi, siete una preda. Fateci sudare per catturarvi.

Continuate a strapazzare gli uomini. Continuate ad

avere una vostra vita. Continuate a tenerli sulle spine. È così che si riesce a domarli e solo a questo punto, il vostro uomo apparterrà solo a voi.

Le altre donne potrebbero dirvi che questa roba non funziona. Potrebbero dirvi che, se seguite queste tecniche, verrete considerate arroganti, fredde, spietate e prepotenti. Verrete viste come qualcuno che perde tempo in giochetti.

Non ascoltatele. Lasciate pure che continuino a fare le carine. E a essere single. Cosa importa se pensano che siete una stronza? Quando accalappierete il vostro uomo, vi garantisco che penseranno che siete una stronza *fortunata*.

Ora avete tutte le informazioni. Uscite e andate a divertirvi. Andate a prendervi il vostro uomo!

✓ Attenzione!

Tenete questo libro lontano dalla portata degli uomini!

Ulteriori letture

Alcuni dei migliori

S. ARGOV, *Falli soffrire, gli uomini preferiscono le stronze*, Piemme, Casale Monferrato 2006.

Sherry Argov ha dei capelli terribili. Li porta lunghi fino ai piedi. Forse, negli inverni più rigidi, li usa come coperta. Ma i suoi consigli sono buoni, eccome. Penso che lei per prima debba essere un po' una stronza, ma i suoi consigli sono fra i migliori sul mercato. Ed è anche molto brava a spiegare come tutte le donne comincino a cambiare per cercare di compiacere il loro uomo. Se lei, nonostante quei capelli, riesce a trovarne uno usando i suoi stessi consigli, allora vale la pena seguirli. Anche il suo libro successivo, *Perché gli uomini sposano le stronze... e lasciano le brave ragazze* merita una lettura.

E. FEIN e S. SCHNEIDER, *Le regole*, Rizzoli, Milano 1997.

La serie di libri intitolati *Le regole* è un classico del genere: sono la *Jane Eyre* dei libri sugli appuntamenti. Un sacco di quello che è scritto nelle regole funziona, ma per me il problema è che sono molto rigide su tutto. È una specie di raccolta di formule e, seguendole parola per parola, il rischio è di trasformarsi un po' in un robot. Un altro problema è che ha venduto così tante copie che gli uomini riescono a riconoscerne le tecniche a un chilometro di distanza. Ci sono stati uomini che sono effettivamente venuti da me dicendo: «Oh Signore, sono uscito per un appuntamento e lei stava mettendo in pratica *Le regole*». Inoltre ha un'impostazione molto americana, e gli uomini europei a volte hanno bisogno di un po' più di incoraggiamento per chiedere alle donne di uscire. Perciò leggetelo, ma non sentitevi obbligate a seguirlo.

J. GRAY, *Gli uomini vengono da Marte, le donne da Venere,* Sonzogno, Milano 1996.

Questo libro è ormai un po' datato. Ed è anche rivolto al mercato americano, perciò non tutto il suo contenuto è importante per le donne europee, ma è ancora un classico che ha venduto milioni di copie. Vi insegnerà a individuare dei modelli nel comportamento maschile e come comprendere cosa stanno pensando gli uomini. Ma non è vero che proveniamo da pianeti differenti. Gli uomini e le donne hanno un sacco di cose in comune. Gli uomini vengono dalla Terra e vogliono l'amore. Proprio come voi.

R. GREENE, *L'arte della seduzione*, Baldini Castoldi Dalai, Milano 2008.

Questa è una vera miniera di notizie su tutti i più grandi seduttori della storia. Si legge come una serie di mini racconti biografici e vi insegna la seduzione da un punto di vista storico. Okay, negli ambienti lavorativi di oggi non possiamo comportarci come Cleopatra o Don Giovanni, ma questo libro offre un'interessante interpretazione delle loro vite e delle loro tecniche. La storia ci insegna. Forse, i seduttori del passato ci potranno insegnare un paio di trucchetti per incantare un possibile amante nel futuro.

R. GORMAN-NEWMAN, *How to Marry a Mensch*, Fair Winds Press, Gloucester, Massachusetts 2007.

Anche se non siete ebree, vale la pena leggere i consigli di questo libro. Le donne ebree sono assennate e ispirate, con alle spalle secoli di saggezza, e sanno come scegliere l'anello migliore. Qui potrete imparare alcune interessanti lezioni di vita.

L. LOWNDES, *Updating: How to Date Out of Your League,* McGraw-Hill, New York 2004.

Questa autrice americana ha lavorato come hostess per la Pan Am. All'epoca, praticamente nel Medioevo, era una professione molto affascinante. Lei è in gamba, ma dà l'idea di essere un po' una cacciatrice di patrimoni. Non sono d'accordo con tutto quello che scrive, ma credo che le donne dovrebbero cercare uomini con un certo spessore, e lei vi insegna come trovarli. È una donna saggia, con modi da istitutrice, che elargisce consigli meravigliosi, anche se un po' estremi. Per esempio, anche se tutto quello che potete permettervi è un appartamento grande come una scatola da scarpe, per essere sicure di incontrare l'uomo giusto, suggerisce di traslocare in una bella zona. Un consiglio non male. Ma se non potete permettervi altro che un bilocale in un seminterrato, ricordate che la mancanza di luce avrà un effetto terribile sulla vostra carnagione.

S. NAKAMOTO, *Gli uomini sono pesci. Manuale di pesca per ragazze sveglie*, Piemme, Casale Monferrato 2007.

Date un'occhiata a questo gentiluomo, Steve Nakamoto. Ha scritto diverse serie di consigli facili da seguire, per esempio sul perché un uomo non vi richiama (non fategli mai vedere delle vostre vecchie foto nelle quali non siete venute bene) o i centouno posti da frequentare per trovare degli uomini (avete mai preso in considerazione la possibilità di iscrivervi a un seminario per combattere la paura di volare?).

L. PAPADOPOULOS, *The Man Manual*, Hodder and Stoughton, London 2005.

Lo devo includere perché è un libro fantastico e la carissima Linda Papadopoulos è un vero tesoro. Sosterrò sempre i miei connazionali greci. In Grecia abbiamo un detto: se non sostieni la tua casa, ti crollerà in testa. Senza persone come Linda Papadopoulos, Nana Mouskouri, Telly Savalas e George Michael non saremmo niente.

A. PEASE e B. PEASE, *Perché mentiamo con gli occhi e ci vergogniamo con i piedi?*, Sonzogno, Milano 2005.

Un classico da un milione di copie, basato su una serie di riviste di psicologia. In questo libro viene divulgata una vasta area della psicologia i cui principi vengono spiegati per gradi. Quello che la gente dice è spesso molto diverso da quello che pensa o che prova; e vi sarà utile saper leggere i pensieri degli altri grazie alla loro gestualità. Soprattutto se state cercando qualche consiglio sull'arte di flirtare. Inoltre, tratta in modo davvero interessante anche alcune importanti figure storiche.

Il resto della libreria

Ecco il contenuto della deprimente libreria di cui vi ho parlato:

V. ARTSRUNIK, *How to Flirt and Be Seductive*, Artnic Media, London 2003.

M. BALFOUR, *Smart Dating: How to Find Your Man*, Element, London 2004.

G. BEHRENDT e A. RUOTOLA, *Inutile piangere sul cuore spezzato*, Salani, Milano 2006.

Y. BROOKS e C. CRAY, *Humped Me, Dumped Me*, Michael O'Mara Books, London 2005.

J. BROWNE, *Dating for Dummies*, Wiley Publishing, Indiana 2006.

N. CARMICHAEL, *Dating: The Virgin Guide*, Virgin Books, London 2003.

S. CARTER e J. SOKOL, *Men Like Women Who Like Themselves (and Other Secrets that the Smartest Women Know)*, Dell Publishing, New York 1996.

D. COPELAND e R. LOUIS, *How to Succeed with Men*, Prentice Hall, New York 2000.

T. COX, *Superdate: How to Be One, How to Get One*, Dorling Kindersley, London 2005.

B. DE ANGELIS, *Quattro cose sugli uomini che ogni donna dovrebbe sapere: maschi, istruzioni per l'uso*, Sperling Paperback, Milano 1998.

B. DELLA CASA, *Cinderella Was a Liar: The Real Reason You Can Find a Prince*, McGraw-Hill, Berkshire, USA 2007.

N. EPSTEIN e D.L. MOORE, *The Technique of the Love Affair*, Castle Books, New Jersey 2002.

J. ERICKSON, *How to Influence People and Get What You Want*, Hodder and Stoughton, London 2004.

R. GREENWALD, *The Program: Fifteen Steps to Finding a Husband After Thirty*, Time Warner, London 2004.

L. HELMANIS, *Master Dating: Get the Life and Love You Want*, Infinite Ideas, Oxford 2005.

J. HEMMINGS, *The Dating Game*, New Holland Publishers, London 2003.

H. HILL, *Baby Its You: What You Can Do to Find True Love*, Emmis Books, Cincinnati 2004.

S. IVENS, *A Modern Girl's Guide to Dynamic Dating*, Piatkus Books, London 2003.

J. JILLSON, *The Fine Art of Flirting*, Simon and Schuster, London 1986.

I. KERNER, *Manuale di sopravvivenza per le donne che amano troppo*, Sperling & Kupfer, Milano 2006.

– *Dsi: Date Scene Investigation: The Diagnostic Manual of Dating Disorders*, Harper Collins, New York 2006.

L. LANGFORD, *If It's Love You Want, Why Settle for Just Sex?*, Prima Publishing, California 1997.

E. Marc-Katz e L. Holmes, *Why Are You Still Single*, Penguin, London 2006.
P. McGraw, *La soluzione 80%. L'uomo giusto non è mai quello perfetto*, Sperling & Kupfer, Milano 2006.
T.W. McKnight e R.H. Phillips, *Tattiche d'amore*, Tea, Milano 2004.
R. Miller, *Man Magnet: How to Be the Best Woman You Can Be in Order to Get the Best Man*, The Book Factory, London 2005.
M. Norwood, *Sex and the Married Girl*, Hodder & Stoughton, London 2005.
S. Page, *Se sono così eccezionale perché sono ancora single?*, Frassinelli, Milano 1989.
A. Pease e B. Pease, *Perché le donne non sanno leggere le cartine e gli uomini non si fermano mai a chiedere*, Sonzogno, Milano 2005.
S. Rabin, *How to Attract Anyone, Anytime, Anyplace*, Penguin, London 1993.
N. Slotnick, *Turn Your Cablight On*, Gotham Books, New York 2006.
C. Staples, *Everything I Know About Men I Learned from My Dog*, Crombie Jardine Publishing, New York 2005.
C.J. Sullivan, *Dating Up, Dump the Schlump and Find a Quality Man*, Warner, New York 2007.
K. Taylor, *Not Tonight, Mr Right*, Penguin, London 2007.
J. Worick, *The Dating Game*, Collins & Brown, London 2003.
E. Wurtzel, *Bitch*, Quartet Books, London 1998.
– *Sono una ragazza meravigliosa. Consigli di comune*

buon senso per donne fuori dal comune, Arcana Editore, Milano 2002.

D. ZARIC e J. KOSMAS, *You Didn't Hear It From Us*, Element, London 2006.

D. ZINCZENKO, *What Women Don't Know about Men, Love and Sex, Could Fill a Book*, Rodale International Ltd, London 2007.

Ringraziamenti

Desidero ringraziare:

Tutte le ragazze che hanno trovato il tempo di condividere con me le loro strategie, i loro segreti del mestiere e di trasferirmi un po' della loro saggezza femminile; e tutti gli uomini che mi hanno rivelato cosa non sopportano, cosa li stuzzica e li elettrizza in una donna. Le loro storie mi hanno ispirato e hanno influenzato la direzione di questo piano strategico di seduzione;

mamma Eufimia, nonna Martha e nonna Anastasia e la mia bisnonna Maria Vallerio, donne straordinarie, che per tutta la vita mi hanno accudito e donato amore incondizionato;

Tom Dawnay per la sua comprensione, i suoi consigli generosi e i suoi aneddoti. Eugenia Vrettos, senza la cui guida questo libro non sarebbe stato scritto. La mia favolosa editor, Sharon Marshall, e l'affascinante editrice Rosemary Davidson, che ha creduto in questo progetto e ha sfoggiato una calma olimpica davanti ai miei ritardi;

i miei agenti, Paul Scates e Kevin Newton, i miei magnifici addetti stampa Louise Rhind-Tutt, Jenny Rowley e Judith Skorupski, Kay Peddle della Random House, e il mio legale, Takis Tsirikos, per avermi protetto dagli squali predatori.

Un grazie enorme a Silvia Pana, Elena Mastromauro, sua

mamma Urania, Christian Albu e Arnaki per il loro incessante sostegno; grazie anche all'adorata Lou Lou per avermi fatto da autista durante quelle deliranti giornate dopo la mia eliminazione dal *GF* e a chiunque mi sia stato vicino e mi abbia offerto dei commenti su questo libro, specialmente Antonis, Amjad, Andrew, Ben, Constantina, Niko, Christina, Mariana, Magda, Tolis, Katerina, Irene, Marina, Mixalis, Sorina, Duncan, Cathy, Craig, Christopher, Marshall, Nat, Paolo, Dan, Dick e Dolly, Suzie, la sorellina Marsia, i miei cari gemellini Sam e Amanda, Dee e Dermot, Chanelle, Alison Freeman, Lizzie Cundy, Paul Crompton, Phil Edgar-Jones, Jimmy, Anna-Maria, e la scimmia Freddy.

Inviatemi i vostri commenti

Ho tralasciato qualcosa? Avete sviluppato le vostre tecniche, le vostre frasi a effetto o le vostre strategie di conquista personali e volete condividerle con me? Qualcuno dei miei consigli non ha funzionato? Scrivetemi pure i vostri commenti all'indirizzo *Gerryster@yahoo.co.uk*

Indice

Stampa: Mondadori Printing Spa - Stabilimento NSM - Cles (TN)